COLLECTION L'ESPACE CRITIQUE
DIRIGÉE PAR PAUL VIRILIO

La Tyrannie de la communication

DU MÊME AUTEUR

Aux Éditions Galilée

GÉOPOLITIQUE DU CHAOS, 1997.
LA TYRANNIE DE LA COMMUNICATION, 1999.

Chez d'autres éditeurs

LE CHEWING-GUM DES YEUX, Alain Moreau, 1981.
LA COMMUNICATION VICTIME DES MARCHANDS, La Découverte, 1989.
COMO NOS VENDEN LA MOTO (avec Noam Chomsky), Barcelone, Icaria, 1995.
NOUVEAUX POUVOIRS, NOUVEAUX MAÎTRES DU MONDE, Montréal, Fides, 1996.

Ignacio Ramonet

La Tyrannie de la communication

Galilée

ISBN 2-7186-0512-X ISSN 0335-3095

Messianisme médiatique

Ce qu'il y a de plus terrible dans la communication, c'est l'inconscient de la communication.

Pierre Bourdieu

Déjà peu fiable, le système d'information est actuellement soumis à une révolution radicale avec l'avènement du numérique et du multimédia, dont certains comparent la portée à celle de l'invention de l'imprimerie, en 1440, par Gutenberg.

L'articulation du téléphone, du téléviseur et de l'ordinateur donne naissance à une nouvelle machine à communiquer, interactive, fondée sur les prouesses du traitement numérique. En assemblant les performances et les talents divers de médias dispersés, le multimédia et Internet créent une rupture qui pourrait, à terme, bouleverser tout le champ de la communication, et peut-être même celui de l'économie : c'est ce que le président américain, M. William Clinton, espère, qui a lancé, dès

1994, l'ambitieux projet des autoroutes électroniques pour conforter les États-Unis dans leur rôle de chef de file des industries du futur.

Des concentrations sont en cours entre les mastodontes du téléphone, du cinéma, de la télévision, de la publicité, de la vidéo, du câble et de l'informatique. Rachats, fusions et concentrations se succèdent, mettant en jeu des dizaines de milliards de dollars... Certains rêvent d'un marché parfait de l'information et de la communication, totalement intégré grâce aux réseaux électroniques et satellitaires, sans frontières, fonctionnant en temps réel et en permanence ; ils l'imaginent construit sur le modèle du marché des capitaux et des flux financiers ininterrompus...

Le principal modèle de l'avenir communicationnel est la réussite – réelle – d'Internet, ce réseau mondial d'ordinateurs qui, reliés entre eux par des modems désormais systématiquement intégrés, peuvent dialoguer et échanger de l'information. Né aux États-Unis en 1969, à l'initiative du Pentagone, et adopté très vite par les milieux de la contre-culture américaine, ainsi que par la communauté scientifique et universitaire internationale, Internet constitue un modèle de convivialité télématique de plus en plus menacé par les appétits économiques des grands groupes industriels et médiatiques qui lorgnent sur les quelque 140 millions d'utilisateurs branchés, habitants éblouis d'un immatériel cyberespace.

La presse écrite elle-même ne peut plus être à l'abri de cet ouragan d'ambitions déclenché par la nouvelle utopie technologique. Beaucoup de grands journaux appartiennent déjà à des mégagroupes de communication, et les rares titres encore libres en Europe, de plus en plus dépendants des recettes publicitaires, sont désormais exposés aux convoitises des nouveaux maîtres du monde.

Une nouvelle police de la pensée ?

Ce meccano communicationnel moderne, accompagné d'un retour des monopoles, inquiète, à juste titre, les citoyens. Ils se souviennent des mises en garde lancées naguère par George Orwell et Aldous Huxley contre le faux progrès d'un monde administré par une police de la pensée. Ils redoutent la possibilité d'un conditionnement subtil des mentalités à l'échelle de la planète.

Dans le grand schéma industriel conçu par les patrons des entreprises de loisirs, chacun constate que l'information est avant tout considérée comme une marchandise, et que ce caractère l'emporte, de loin, sur la mission fondamentale des médias : éclairer et enrichir le débat démocratique.

Deux exemples récents illustrent fort bien cette tendance, et ont montré combien surmédiatisation ne signifie pas toujours bonne information : il s'agit de l'affaire Diana et de l'affaire Clinton-Lewinsky.

La mort par accident de voiture, à Paris, le 31 août 1997, de Lady Diana et de son amant Dodi Al-Fayed a donné lieu au plus phénoménal déferlement informationnel de l'histoire récente des médias. Presse écrite

– quotidienne et périodique –, radios et télévisions ont consacré à cet événement plus de place qu'à n'importe quel autre concernant une personne physique dans toute l'histoire des moyens de communication de masse.

La presse britannique – la plus concurrentielle du monde avec onze quotidiens nationaux et neuf journaux dominicaux engagés dans une lutte sans merci de tous contre tous et où tous les coups sont permis (baisse du prix de vente, cadeaux promotionnels, achats de confidences, etc.) – atteignit, dans les jours qui suivirent la mort de Diana, des records de ventes : *The Sun*, par exemple, vendit 3,9 millions d'exemplaires, *The Mirror* 2,4 millions, *The Daily Mail* 2,3 millions, et *The Daily Telegraph* 1,1 million [1].

De même, à travers le monde, des milliers de couvertures de magazines, des centaines d'heures de reportages télévisés – sur les circonstances de l'accident, les spéculations sur son caractère accidentel ou criminel, les relations de Diana avec la famille royale d'Angleterre, avec son ex-époux et ses enfants, ses activités en faveur des défavorisés, sa vie sentimentale, etc. – furent consacrées à la mort de « Lady Di ».

Du Nigeria au Sri Lanka, du Japon à la Nouvelle-Zélande, son enterrement fut diffusé, en direct, par des centaines de chaînes de télévision. 2,5 milliards de téléspectateurs ont regardé ces funérailles. Jamais un événement n'avait autant réuni le monde entier. Au Venezuela ou au Brésil, des centaines de milliers de personnes

1. *International Herald Tribune*, 10 février 1998.

ont veillé toute la nuit, en raison du décalage horaire, pour suivre cette cérémonie en temps réel sur le petit écran. Des Pakistanais, désespérés, se suicidèrent. 99 % des New-Yorkaises en analyse évoquèrent la princesse au cours de la semaine qui suivit l'événement. Certains ont pu parler, à cette occasion, de « communion planétaire », avec la connotation religieuse qui convient au culte rendu à la princesse. Ce qui est en tout cas certain, c'est que la mort de Diana a déclenché une sorte d'énorme sanglot mondial.

À cet égard, la sociologue Françoise Gaillard a émis cette hypothèse : « Il n'y a plus de rituel de la mort, donc on ne sait plus très bien pleurer ni sur les malheurs du monde ni sur nos malheurs privés. La disparition de la princesse a été l'occasion de verser toutes sortes de larmes trop contenues. Dans la plupart des pays, on a pleuré la mort de Diana, mais on n'avait aucune idée de ce qu'elle pouvait dire ou penser. À la limite, cela n'avait pas d'importance. C'était un malheur accessible, qui nous a permis de nous débarrasser de toute une détresse [1]. »

D'autres analystes ont comparé ce déferlement médiatique à celui que le monde avait connu lors d'autres tragédies ayant affecté certaines personnalités de premier plan. Mais c'était une erreur. En effet, ni l'assassinat de John Kennedy, ni l'attentat contre Jean-Paul II, pour ne parler que de ces deux méga-événements, n'ont donné lieu à un orage médiatique comparable. Ce qui peut

1. *Le Monde*, 23 août 1998.

d'ailleurs surprendre si l'on considère qu'il s'agissait là de chefs d'État et d'Église, responsables politique et spirituel respectivement à la tête d'un pays ou d'une communauté comptant des centaines de millions d'individus, et devenus, à ce titre, des protagonistes, des « héros » quasiment naturels des journaux télévisés du monde.

Paparazzi et presse *people*

Diana, elle, n'était rien de tout cela. Avant sa mort tragique, elle était surtout la proie des paparazzi, ces photographes dont la profession consiste à surprendre vedettes et célébrités dans leur intimité, et dont la tâche vise à rendre public du privé, surtout lorsque ce privé est supposé rester privé. On a accusé les paparazzi d'avoir causé la mort de Diana, et de nombreux médias (en particulier le Journal de 20 heures de TF1) qui participent tout autant au sensationnalisme ambiant, par une sorte de mauvaise conscience, à la manière du larron qui crie « au voleur ! », se sont acharnés à cette occasion contre « les chasseurs d'images ». « Le vocabulaire utilisé pour décrire leur activité est, à ce titre, très révélateur, constate un observateur. On y puise massivement dans le registre *cynégétique* ou *guerrier*. Les paparazzi *mitraillent*, *fusillent*. Ils *poursuivent*, *chassent*, *traquent*. À leurs heures, ils se font *charognards opportunistes*. Il leur arrive de *dépecer* leurs victimes à coups de flashes. Ils vivent dans des *planques*, se placent en *embuscade* et se livrent à des *battues*. Ils forment une *meute*, lancée aux trousses d'un *gibier* doré. Comme dans une chasse à courre [1]. »

Les paparazzi ne sont que le résultat de la situation générale des médias, une situation dominée par le marché et le profit. « Il y a une réalité du marché », confirme Jean-François Leroy, photojournaliste qui, depuis 1989, dirige la prestigieuse manifestation « Visa pour l'image », de Perpignan. « Quand *Paris-Match* fait sa couverture sur François Mitterrand en visite à Sarajevo, il vend beaucoup moins que lorsqu'il titre sur la mort d'un meneur de jeux télévisés, Patrick Leroy : 1,8 million d'exemplaires ! Les magazines s'intéressent davantage aux princesses qu'à la Tchétchénie. Même *L'Express*, qui renoue pourtant avec le photojournalisme, a consacré en juin 1998 une couverture à Diana. Vous dénoncez le système, mais vous mettez quand même la princesse de Galles en Une, parce que cela fait vendre. Au moment de sa mort, tous les journaux ont mis en cause les paparazzi. Mais il n'y en a pas un, même parmi les plus sérieux, qui n'ait pas publié, avant ce drame, des papiers sur Dodi Al-Fayed et sur sa liaison avec la princesse. Ensuite on dit : “Ah, c'est la faute à la presse *people* !” Ce n'est pas vrai. En tout cas elle n'est pas la seule. Quand on demandait à nos parents ce qu'ils avaient fait contre le nazisme, ils répondaient : “On ne

---

1. Philippe Marion, « Clichés de paparazzi en campagne », *La Lettre de l'Observatoire du récit médiatique*, Louvain-la-Neuve, n° 12, octobre 1997.

savait pas." La réalité des camps, on ne la découvrit vraiment qu'en 1945, avec les photos de Margaret Bourke-White. Mais nous, quand nos enfants nous demanderont : "Qu'est-ce que vous avez fait contre le génocide du Rwanda ?", nous dirons : "On s'occupait de Stéphanie de Monaco"... La mort de Lady Di a fait bouger les choses. Elle a suscité un sentiment de culpabilité dans l'opinion. La presse poubelle a perdu des lecteurs [1]. »

Cette « presse poubelle » est constituée en grande partie de ce qu'on appelle aujourd'hui la presse *people*. Celle-ci est l'héritière directe de la presse populaire du XIXe siècle qui s'était développée sur le créneau informationnel des faits divers. Lesquels assurèrent le succès des premiers quotidiens à grand tirage aussi bien aux États-Unis qu'en Europe. La presse *people* ajoute au fait divers une autre dimension : il est vécu par des êtres humains exemplaires, célèbres, appartenant à la légende dorée contemporaine. « Sans renier totalement le fait divers banal, explique le sociologue Frédéric Antoine, la presse *people* se focalise plus volontiers sur la manière dont les vedettes de l'actualité (le peuple "élu" par les médias) vivent les passions, les joies et les drames que le lecteur pourrait, lui aussi, expérimenter. Au travers de la presse *people*, personnalités publiques, familles royales, vedettes, permettent au lecteur de se projeter dans un univers à la fois totalement autre, mais aussi, en certains points, intimement semblable

1. *L'Express*, 27 août 1998.

au sien (*people* étant ici utilisé dans le sens de "grand public")[1]. »

Diana était devenue l'une des principales héroïnes des médias *people*, qui avaient construit – comme sait le faire la littérature populaire –, à partir de sa vie réelle, un personnage, au sens fictionnel du terme : celui de la « princesse triste », mélancolique, qui a tout pour être heureuse (beauté, santé, succès, richesse), mais qui n'est pas aimée par sa belle-mère, la reine, qui est délaissée par son époux séduit par une « vilaine femme », et qui transfère son trop-plein d'amour sur ses enfants et sur tous les malheureux du monde. « Elle a commencé comme Cendrillon, dit Daniel Dayan[2], et finit comme Blanche-Neige subissant la méchanceté de sa marâtre, la reine Elizabeth. Pourquoi ne pas imaginer qu'elle devienne héroïne de Walt Disney... ? »

Court-circuit médiatique

Lors de l'accident mortel de Diana, ce qui s'est produit, c'est une sorte de *court-circuit médiatique*, l'accession soudaine d'un personnage *people* de feuilleton, de *telenovela*, au statut de personnalité digne de la presse sérieuse et de référence. Diana quitte le périmètre limité et folklorique du *people* pour entrer de plain-pied dans les rubriques principales, nobles, des quotidiens de la

1. Frédéric Antoine, « La presse *people* : des gens peu ordinaires », *La Lettre de l'Observatoire du récit médiatique*, n° 12, octobre 1997.
2. Auteur, avec Elihu Katz, de *La Télévision cérémonielle*, Paris, PUF, 1996.

presse politique. Pour la première fois, Lady Di est l'objet de l'information principale du journal télévisé. Et ce court-circuit a lieu, au même moment, dans tous les médias (presse populaire et journaux de référence, radio, télévision) et à l'échelle planétaire.

C'est pourquoi on peut parler de « psychodrame planétaire », de « choc médiatique total », de « globalisation émotionnelle ». Ce qui est indiscutable, c'est que nous avons vécu, à cette occasion, un événement médiatique *inaugural.* Quelque chose s'est produit *pour la première fois.* On nous disait que nous étions entrés dans l'« ère de l'information globale », en particulier depuis le développement – à la fin des années 80 – de la chaîne planétaire *Cable News Network* (CNN), mais avec l'affaire Diana, nous en avons vécu le premier véritable épisode.

L'affaire Clinton-Lewinsky : un événement fondateur

Le second exemple récent de surinformation s'est produit en janvier 1998, lorsque les relations du président des États-Unis avec une ancienne stagiaire à la Maison-Blanche, Mlle Monica Lewinsky, sont soudain devenues un sujet médiatique planétaire, déclenchant une crise de folie communicationnelle incontrôlée.

Tout a commencé quand un certain Matt Drudge[1] a

1. Avant de devenir mondialement connu grâce à l'affaire Clinton-Lewinsky, Matt Drudge, né en 1967, était déjà populaire parmi les internautes parce qu'il livrait au public des informations connues

envoyé sur son site Internet, *The Drudge Report*, le contenu des propos téléphoniques enregistrés par l'amie-dénonciatrice de Mlle Lewinsky, Mme Linda Tripp. Ces propos, le magazine *Newsweek* avait hésité à les diffuser, en s'accordant un délai supplémentaire pour vérifier l'information, précaution que Matt Drudge, lui, n'a pas prise. Si bien que l'irruption de la nouvelle dans la sphère Internet a affolé la presse écrite, laquelle, pour revenir dans la course, s'est mise à traquer les scoops avec un seul objectif en tête, ne pas se laisser distancer par Internet.

Ce nouveau rival apparaît à un moment où les médias traditionnels affrontent déjà une double crise. En premier lieu : une importante perte d'audience. Aux États-

---

des seuls initiés et des journalistes, mais qui, d'ordinaire, ne quittent pas les salles de rédaction. Il critiquait les grands médias, leur autocensure, leurs connivences, leurs préférences politiques inavouées et leur arrogance. « En juillet 1997, ses lecteurs apprennent en exclusivité qu'une employée de la Maison-Blanche, Kathleen Willey, s'apprêterait à accuser le président de harcèlement sexuel. Deux semaines plus tard, il commet l'erreur qui, paradoxalement, va le rendre célèbre. Il rapporte qu'une rumeur insistante circule dans les milieux républicains : Sidney Blumenthal, ancien journaliste récemment nommé conseiller du président Clinton, aurait eu des ennuis avec la justice pour avoir battu sa femme. La nouvelle, reprise par les médias, se révèle fausse. (...) Matt Drudge se retrouve au centre d'un débat d'ampleur nationale. (...) Des théoriciens d'Internet voient en lui le symbole de la cyberrévolution annoncée depuis des années, la preuve vivante que, grâce au Net, un citoyen anonyme peut rivaliser avec les grands médias presque à armes égales. » (Yves Eudes, « Sexe, mensonges et internautes », *Le Monde*, 16 août 1998.)

Unis, entre 1970 et 1997, le pourcentage de lecteurs d'un quotidien est passé de 78 % à 59 % ; et, entre 1993 et 1998, la part de ceux qui regardent régulièrement un journal télévisé du soir a fléchi de 60 % à 38 %.

En second lieu, cette crise survient alors que les médias connaissent une perte considérable de crédibilité. Selon le Pew Research Center, en 1985, les Américains étaient 55 % à juger les médias « *objectifs* », alors que seulement 34 % refusaient de leur faire confiance. En 1997, cette situation a radicalement changé, puisque désormais 56 % des Américains estiment que les faits rapportés par les médias sont « *souvent inexacts* » ; et à peine 27 % trouvent encore l'information « *objective* ». Au Royaume-Uni, 79 % des Britanniques considèrent que les écrits des journalistes ne sont pas « dignes de confiance » [1].

Cette perte de crédibilité a été accentuée dernièrement par la multiplication de « bidonnages » et de fausses nouvelles. Parmi ces dernières, on peut relever les récentes affirmations mensongères de la chaîne CNN et de l'hebdomadaire *Time* sur l'utilisation de gaz mortel par l'armée américaine contre les déserteurs de la guerre du Vietnam. Ou encore les faux reportages de l'imposteur Stephen Glass dans *The New Republic* ; ainsi que ceux, entièrement inventés, de Patricia Smith dans le prestigieux *Boston Globe* (*cf.* p. 89 à 102)...

Les médias sont soumis à une concurrence de plus en plus féroce ; les pressions commerciales s'intensifient. De

---

1. *Correspondance de la presse,* 27 janvier 1999.

nombreux cadres dirigeants des médias viennent désormais de l'univers de l'entreprise, et non plus du monde journalistique. Ils sont moins sensibles à la véracité de l'information. À leurs yeux, le *news business*, le marché de l'information, est avant tout un moyen de faire des profits. « La pression de la concurrence est tellement forte – affirme le journaliste américain Walter Cronkite, célèbre ex-présentateur du journal télévisé de la chaîne CBS – qu'il est devenu indispensable de ne pas se faire doubler sur telle ou telle info. C'est aussi cette pression qui pousse les médias à tenter d'attirer le public par des reportages indécents. Même la presse la plus traditionnelle n'est pas immunisée contre l'idée que le public peut trouver un intérêt – un intérêt salace, mais un intérêt quand même – à une affaire comme le Monicagate. Pour ne pas voir leur taux d'audience baisser, les médias continuent de couvrir l'affaire. (...) Et c'est cette focalisation sur le comportement privé des gens qui conduit l'opinion à condamner les médias [1]. »

On écrira probablement un jour que l'affaire Clinton-Lewinsky a été à Internet ce que l'assassinat de John Kennedy fut à la télévision : l'événement fondateur d'un nouveau média d'information.

La presse écrite a voulu retrouver, à cette occasion, son dynamisme du temps du Watergate. Les *networks*, dépassées par Internet et par la presse papier, ont dû sonner le rappel des stars des journaux télévisés du soir dès l'éclatement du scandale. Dan Rather, Peter Jen-

1. *Télérama*, 30 septembre 1998.

nings, et Tom Brokaw, avec plusieurs centaines d'autres reporters, furent rapatriés d'urgence de Cuba, où ils couvraient la visite du pape et sa rencontre avec Fidel Castro.

Pour une fois, les journalistes du petit écran avaient du retard sur leurs confrères de la presse écrite, notamment le *Washington Post* et *Newsweek,* qui menaient l'enquête sur les aventures sentimentales de M. Clinton depuis plusieurs mois déjà.

Le journalisme de révélation

Car, après la guerre du Golfe (1991), qui avait sonné le triomphe et l'apogée d'une information télévisée fondée sur la puissance de l'image, la presse écrite a cherché à prendre sa revanche. Elle l'a obtenue dans la découverte de nouveaux territoires d'information, qui sont : la vie privée des personnalités publiques et les scandales liés à la corruption et à l'affairisme. C'est ce que l'on pourrait appeler le journalisme de *révélation* (par opposition au journalisme d'*investigation*).

Pour mettre au jour des affaires de ce genre, l'élément décisif est en effet la production de documents compromettants qui, étant le plus souvent écrits, n'ont pas de caractère spectaculaire et sont moins facilement exploitables par la télévision. Sur un tel terrain, la presse écrite a donc pu reprendre l'initiative. C'est pourquoi c'est elle – et non la télévision – qui, depuis une dizaine d'années, a révélé, dans de nombreux pays, la plupart des affaires liées à la corruption.

Dans l'affaire Clinton-Lewinsky, faute d'images – les protagonistes se terraient dans leurs demeures –, les chaînes et la CNN ont dû se résigner à organiser des plateaux sur lesquels se succédaient des journalistes de la presse écrite. Michael Isikoff, l'auteur de l'article retardé de *Newsweek,* et l'un des rares journalistes américains à avoir entendu, à l'époque, l'un des fameux enregistrements des confidences téléphoniques de Monica Lewinsky, faisait le va-et-vient entre CBS, NBC et ABC. C'est pourtant la chaîne de télévision publique PBS, qui a proposé la première image réellement intéressante de cette affaire : l'entretien entre M. Clinton et Jim Lehrer, le présentateur vedette.

Toutes les autres chaînes ont immédiatement interrompu leurs programmes pour en diffuser des extraits. Le président américain nia catégoriquement avoir eu des relations coupables avec la jeune stagiaire de la Maison-Blanche, ce qui n'empêcha pas la presse du lendemain, avec raison, de titrer : « *Sexe, mensonges et bandes magnétiques* ».

Dans cet événement, même si la télévision a finalement semblé être hors jeu – les révélations étaient connues par des fuites, et les informateurs, anonymes, ne se laissaient pas filmer –, elle n'en a pas moins persisté à le surcouvrir, négligeant du même coup le reste de l'actualité internationale. L'affaire a été, de loin, la plus couverte par les médias américains en 1998 [1]. ABC, CBS et NBC lui ont consacré plus de temps (43 heures !) qu'à

1. *International Herald Tribune*, 24 décembre 1998.

la totalité des autres grandes crises nationales ou internationales : grève des ouvriers américains de l'automobile, vol dans l'espace du cosmonaute John Glenn, crises financières asiatique et russe, conflit avec l'Irak, attentats contre les ambassades américaines en Afrique, essais nucléaires en Inde et au Pakistan, et négociations de paix au Proche-Orient. Il est d'ailleurs patent que, lors de la conférence de presse qui suivit la rencontre entre MM. Clinton et Arafat, les chaînes de télévision ne retinrent et ne diffusèrent que les questions posées au président américain sur... ses relations avec Monica Lewinsky ! L'image de M. Arafat assistant, impassible, au passage de M. Clinton sur le grill des interviewers est apparue comme l'une des preuves les plus accablantes du dérapage des médias.

Débordés de rumeurs et privés d'images, les réseaux ont dû faire face à un dilemme simple : comment parler de la sexualité présidentielle sans faire de la « télé poubelle » (*trash TV*) ? Car le « sexe présidentiel », les journalistes de télévision ne parlaient pour ainsi dire que de cela... Sur ABC, Barbara Walters, la grande prêtresse de l'interview *people,* fut la première à évoquer sans sourciller la « semence présidentielle » que Monica Lewinsky avait gardée sur sa célèbre robe bleue, expliquant que de futures analyses d'ADN pourraient trahir M. Clinton.

Recours aux archives

La télévision américaine n'a apporté aucun élément nouveau à l'enquête, bien que les caméras n'aient cessé de courir derrière les reporters de presse. Leur salut, les chaînes finirent par le trouver dans les archives de CNN, avec l'image de la fameuse accolade de M. Clinton à Monica Lewinsky, lors d'une fête dans les jardins de la Maison-Blanche, diffusée en boucle et disséquée aussitôt par les experts du *body language* (« langage du corps ») : « *le regard amoureux de Monica* », « *la petite tape complice sur l'épaule* ». L'utilisation de ce document confirmait *a posteriori* que les chaînes, depuis le début de l'affaire, n'avaient pas pu montrer une seule image significative. Tout le monde admet aujourd'hui, dans les médias américains, que 95 % des informations publiées sur la relation entre M. Clinton et Mlle Lewinsky provenaient de la même source. Une source unique, partisane et manipulatrice : le bureau du procureur Kenneth Starr. « Nous avons été noyés sous les fuites, admet Howard Kurtz, du *Washington Post.* Il se trouve que toutes ces fuites se sont révélées exactes, mais le problème c'est que nous publions des informations partisanes, sans dire au public d'où elles viennent. Cela n'a fait qu'accroître la méfiance des gens envers nous [1]. »

Le journaliste Steven Brill, qui a lancé en 1998 la revue *Brill's Content* – visant à être gardienne de l'excellence journalistique aux États-Unis et à débusquer et dénoncer les abus des médias –, a dévoilé, dans une longue enquête, les liens coupables entre le procureur Starr et les médias acharnés contre M. Clinton : « Ce qui fait du comportement des médias un pur scandale, un pur exemple

1. *Télérama,* 30 septembre 1998.

d'institution corrompue jusqu'au noyau – écrit-il – c'est que la compétition pour les scoops a tellement ensorcelé tout le monde que les journalistes ont laissé l'homme du pouvoir, Kenneth Starr, écrire l'article à leur place [1]. » « La presse est manipulée tous les jours – admet Howard Kurtz – mais il est indéniable qu'elle a été particulièrement manipulée dans cette affaire [2]. »

Dès lors, la rivalité entre presse écrite et télévision avait atteint son paroxysme, et les errements médiatiques ne firent que se multiplier. Les journaux commencèrent à dérailler, le *Dallas Morning News* allant jusqu'à annoncer qu'il détenait « la preuve » que M. Clinton avait été surpris dans une situation embarrassante avec Monica Lewinsky ; « information » que CNN reprit immédiatement sur le petit écran. Sur la Fox, enfin, experte en *trash TV*, les commentateurs se demandèrent d'un air gourmand : « M. Clinton serait-il un adepte du téléphone sexuel ? ».

Le déchaînement des médias et le matraquage atteignirent un tel degré de saturation que l'on vit aux États-Unis certains journaux, comme *The State Journal Register* de Springfield, adopter une attitude « écologique » et indiquer bien visiblement à la « une » : « *Sex scandal-free edition* » (sans article sur le Monicagate), comme certains produits alimentaires proclament qu'ils sont sans sucre, sans caféine ou sans matière grasse [3].

---

1. *Télérama*, 30 septembre 1998.
2. *Ibid.*
3. *El País*, Madrid, 6 février 1998.

À l'automne 1998, soit neuf mois après le début de l'affaire, les chaînes s'aperçurent qu'elles n'avaient toujours pas pu présenter à leurs téléspectateurs un seul entretien avec Mlle Monica Lewinsky. Au moment de la publication du rapport Starr, les Américains constatèrent qu'ils n'avaient même jamais entendu la voix de l'ex-stagiaire ! Il fallut attendre le 17 novembre 1998 pour que le Congrès diffuse les trente-sept cassettes sonores contenant la totalité des vingt-deux heures de conversation avec Mlle Lewinsky enregistrées en secret par la déloyale Linda Tripp.

Pourtant, après des semaines d'hystérie et de déferlement médiatique, M. Clinton obtenait encore une majorité d'opinions favorables auprès des Américains, alors même que ceux-ci se disaient persuadés qu'il avait eu des relations sexuelles avec Mlle Lewinsky... Le lendemain de la diffusion des cassettes, 72 % des citoyens américains estimaient que les bandes auraient dû demeurer secrètes et 64 % s'affirmaient satisfaits de l'action de M. Clinton en tant que président [1]. La disproportion entre l'événement supposé et le harcèlement des médias devint telle que certains soupçonnèrent M. Clinton d'avoir inventé de toutes pièces les crises contre Bagdad, en février et en décembre 1998, pour dévier sur l'Irak et M. Saddam Hussein la puissance maléfique des médias.

---

1. *La Vanguardia*, Barcelone, 18 novembre 1998.

Mimétisme médiatique

On en vient donc à imaginer, à l'ère de l'information virtuelle, que seule une guerre réelle peut sauver du harcèlement informationnel. Une ère où deux paramètres exercent une influence déterminante sur l'information : le mimétisme médiatique et l'hyper-émotion.

Le mimétisme est cette fièvre qui s'empare soudain des médias (tous supports confondus) et qui les pousse, dans l'urgence la plus absolue, à se précipiter pour couvrir un événement (quel qu'il soit) sous prétexte que les autres médias – et notamment les médias de référence – lui accordent une grande importance. Cette imitation délirante, poussée à l'excès, provoque un effet boule de neige et fonctionne comme une sorte d'auto-intoxication : plus les médias parlent d'un sujet, plus ils se persuadent, collectivement, que ce sujet est indispensable, central, capital, et qu'il faut le couvrir encore davantage en lui consacrant plus de temps, plus de moyens, plus de journalistes. Les médias s'auto-stimulent ainsi, se surexcitent les uns les autres, multiplient les surenchères et se laissent emporter vers la surinformation dans une sorte de spirale vertigineuse, enivrante, jusqu'à la nausée.

Tout cela est, de surcroît, aggravé par le phénomène Internet. « Internet – constate le professeur Daniel Bougnoux – n'est pas un pouvoir éditorial, mais un instrument de contagion mimétique qui aboutit aujourd'hui au lynchage médiatique de M. Clinton, à cette tentative de meurtre audiovisuel. Qui est coupable ? Personne et tout le monde. Personne n'est réellement tenu pour responsable de l'emballement du système. Les médias, soumis à concurrence, sont conduits, presque malgré eux, à cette surenchère. Mais tout le monde est responsable, y compris nous, lecteurs ou téléspectateurs, qui plébiscitons par notre présence et l'ambiguïté de notre curiosité cette exécution programmée. Chacun renvoie la faute sur les autres sans que personne ne soit le maître du jeu. Ce système ressemble à ces cages dans lesquelles les rats qui courent accélèrent la rotation de l'ensemble [1]. »

L'hyper-émotion

L'hyper-émotion, quant à elle – qui est l'autre figure caractéristique de la surinformation –, a toujours existé dans les médias, mais elle restait la spécialité des journaux d'une certaine presse démagogique, qui jouaient facilement avec le sensationnel, le spectaculaire et le choc émotionnel. À l'inverse, les médias de référence misaient sur la rigueur, la froideur conceptuelle, et bannissaient le plus possible le *pathos* en s'en tenant strictement aux faits, aux données, aux actes.

Cela s'est peu à peu modifié sous l'influence du média d'information dominant qu'est la télévision. Le journal télévisé, dans sa fascination pour le « spectacle de l'événement », a déconceptualisé l'information et l'a replongée peu à peu dans le marécage du pathétique. Il a établi, insidieusement, une sorte de nouvelle équation infor-

1. *Télérama*, 30 septembre 1998.

mationnelle qui pourrait se formuler ainsi : « Si l'émotion que vous ressentez en regardant le journal télévisé est vraie, l'information est vraie. »

Cela a accrédité l'idée que l'information – n'importe quelle information – est toujours simplifiable, réductible, convertible en spectacle de masse, et décomposable en un certain nombre de segments-émotions. Se fondant sur l'idée, très à la mode, qu'il existerait une « intelligence émotionnelle ». L'existence de cette « intelligence émotionnelle » justifierait que n'importe quelle information – dossier du Proche-Orient, crise économique et sociale du Sud-Est asiatique, problèmes financiers et monétaires liés à l'introduction de l'euro, secousses sociales, rapports écologiques, etc. – puisse toujours être condensée et schématisée. Au mépris, réel, de l'analyse, prétendument facteur d'ennui.

À cela s'ajoute, aux États-Unis, l'influence du moralisme et du puritanisme qui n'épargne pas les milieux journalistiques. Selon l'historien Sean Wilents, spécialiste de la démocratie américaine : « Le Watergate a changé la culture de Washington. Couvrir la Maison-Blanche est devenu une sorte de chasse au scandale, où l'on part du principe que le président ment et que le travail du journaliste est de débusquer ses mensonges. Les journalistes de la jeune génération sont, pour la plupart, des *yuppies* déracinés dont l'expérience tout entière est tournée vers la carrière, l'ambition et la famille. Ils ne fument pas, ne boivent pas, ne commettent pas de péchés. Ils rentrent à la maison le soir. Les journalistes de la génération précédente traînaient dans les bars et avaient une vue plus libertine du monde. Les jeunes sont sincèrement choqués par le comportement du président Clinton, et ce sont eux qui sont correspondants à la Maison-Blanche [1]. »

Vers un « messianisme médiatique » ?

Tous ces nouveaux phénomènes qui affectent depuis peu l'ensemble des médias ont convergé et pris soudain corps, à l'échelle planétaire, lors de l'affaire Diana, en septembre 1997. À ce moment-là, tous les repères déontologiques se sont perdus, toutes les frontières ont été transgressées, toutes les rubriques ont été chamboulées. Diana devenait un événement à la fois politique, diplomatique, sociologique, culturel, humain, concernant toutes les couches sociales dans tous les pays du monde. Et chaque média – écrit, parlé ou télévisé –, à partir de sa propre position, s'est senti dans l'obligation – en toute bonne conscience – de traiter cette affaire.

La principale conséquence de ce mimétisme médiatique et de ce traitement par l'hyper-émotion est que le monde semble désormais prêt pour l'apparition d'un « messie médiatique ». L'affaire Diana l'annonce indiscutablement. Le dispositif médiatique est prêt, non seulement technologiquement, mais surtout du point de vue psychologique. Les journalistes, les médias – et dans une certaine mesure les citoyens – sont en attente d'une per-

1. *Le Monde*, 15 septembre 1998.

sonnalité tenant un discours de portée planétaire, fondé sur l'émotion et la compassion : un mixte de Diana et de Mère Teresa, de Jean-Paul II et de Gandhi, de Clinton et de Ronaldo, et qui parlerait de la souffrance des exclus (3 milliards de personnes) comme Paulo Coelho parle de l'ascèse de l'esprit. Quelqu'un qui transformerait la politique en télévangélisme, qui *rêverait* de changer le monde sans jamais passer à l'acte, qui ferait l'angélique pari d'une radicale évolution sans révolution.

L'ère du soupçon

Scepticisme. Méfiance. Incrédulité. Tels sont, à l'égard des médias, les sentiments dominants des citoyens. Confusément, chacun sent bien que quelque chose ne va plus dans le fonctionnement général du système informationnel. Surtout depuis 1991, quand les mensonges et les mystifications de la guerre du Golfe – « l'Irak, quatrième armée du monde », « la marée noire du siècle », « une ligne défensive inexpugnable », « les frappes chirurgicales », « l'efficacité des *Patriot* », « le bunker de Bagdad », etc. – choquèrent profondément les gens. Cela a confirmé l'impression forte de malaise qu'avaient déjà suscitée des affaires comme le faux charnier de Timişoara en Roumanie, au mois de décembre 1989, et qui s'est prolongée *ad nauseam,* depuis lors, à chaque méga-événement, de la Somalie en 1992 à l'affaire Clinton-Lewinsky en 1998.

Nul ne nie l'indispensable fonction des communications de masse dans une démocratie, au contraire. L'information demeure essentielle à la bonne marche de la société, et l'on sait qu'il n'y a pas de démocratie possible sans un bon réseau de communication et sans le maximum d'informations libres. Chacun est bel et bien convaincu que c'est grâce à l'information que l'être humain vit comme un être libre. Et, pourtant, le soupçon pèse sur les médias.

Ce n'est pas la première fois ; pendant les décennies 60 et 70, on reprocha à la télévision, notamment, d'être devenue un « instrument du pouvoir » et de vouloir « manipuler les esprits » pour le profit électoral du parti dominant. On pensait que contrôler la télévision revenait à maîtriser le suffrage universel. « C'est oublier, rappelle Daniel Schneidermann, qu'une image de la télévision, à la différence de la lame de la guillotine, est à double, triple, quadruple tranchant. Qui croit acculer son adversaire dans les cordes le transforme en victime, attirant sur elle une compassion automatique. Mystérieusement, la télévision transmue la défensive en dignité, l'intransigeance en agressivité, le naturel en innocence [1]. »

Du général Pinochet (Chili) au général Jaruzelski (Pologne), tous les dictateurs qui crurent pouvoir affronter sans crainte les urnes sous prétexte qu'ils contrôlaient depuis des années les médias, et notamment la télévision, connurent un échec cuisant. Les franquistes en Espagne et les communistes en Russie, malgré leur contrôle absolu des médias durant des décennies, perdirent les premières élections libres après la chute des régimes autoritaires. Ce qui montre bien que le contrôle des médias

---

1. *Le Monde*, 28 septembre 1998.

et la maîtrise de la télévision ne produisent pas, automatiquement, le contrôle des esprits. Transmettre des idées et influencer les mentalités sont des opérations qui n'ont rien de simple, de mécanique et qui restent d'une extrême complexité.

Ce premier âge de la défiance, essentiellement politique, s'est achevé dans de nombreux pays – en France, vers 1982 – avec la fin du contrôle direct exercé par les gouvernements sur l'information télévisée, et avec la création d'instances de régulation de l'audiovisuel – telles que la Haute Autorité, la Commission nationale ou le Conseil supérieur de l'audiovisuel.

Le second âge du soupçon, lui, n'a pas le même caractère. L'inquiétude actuelle des citoyens se fonde sur la conviction que le système informationnel en lui-même n'est pas fiable, qu'il a des ratés, qu'il fait preuve d'incompétence et qu'il peut – parfois à son insu – présenter d'énormes mensonges pour des vérités. Ce que constate Ryszard Kapuscinski, journaliste et écrivain polonais unanimement respecté au sein de la profession : « Autrefois, dit-il, la véracité d'une nouvelle représentait sa plus grande valeur. De nos jours, le rédacteur en chef ou le directeur d'un journal ne demandent plus qu'une information soit vraie, mais qu'elle soit intéressante. Si l'on considère qu'elle ne l'est pas, on ne la publie pas. D'un point de vue éthique, c'est un changement considérable [1]. »

---

1. *La Stampa,* Turin, cité par *Courrier international,* 9 octobre 1997.

La télévision, premier média d'information

Nous nous trouvons à un tournant de l'histoire de l'information. Au sein des médias, depuis la guerre du Golfe, en 1991, la télévision a pris le pouvoir. Elle n'est plus seulement le premier média de loisirs et de divertissement, elle est aussi désormais le premier média d'information. C'est elle, à présent, qui donne le ton, qui détermine l'importance des nouvelles, qui fixe les thèmes de l'actualité. Il y a encore peu de temps, le journal télévisé (JT) du soir s'organisait sur la base des informations parues, le même jour, dans la presse écrite. Le JT imitait, copiait la presse écrite. On y trouvait le même classement de l'information, la même architecture, la même hiérarchie. Désormais, c'est l'inverse : la télévision dicte la norme, c'est elle qui impose son ordre et contraint les autres médias, en particulier la presse écrite, à suivre. Au moment de l'affaire du faux « charnier » de Timişoara, en décembre 1989, des responsables de journaux (par exemple Dominique Pouchin, de *Libération*) ont publiquement admis que, impressionnés par les images vues en direct à la télévision, ils avaient réécrit le texte de leur correspondant sur place qui, lui, émettait des réserves sur ce « charnier ».

De ce jour date une nouvelle étape dans l'évolution de l'information. Un média central – la télévision – produit un impact si fort dans l'esprit du public que les autres médias se sentent obligés d'accompagner cet impact, de l'entretenir, de le prolonger.

Si la télévision s'est ainsi imposée, c'est non seulement parce qu'elle propose un spectacle, mais aussi parce qu'elle est devenue un moyen d'information plus rapide que les autres, technologiquement apte, depuis la fin des années 80, par le relais des satellites, à transmettre des images instantanément, à la vitesse de la lumière.

En prenant la tête dans la hiérarchie des médias, la télévision impose aux autres moyens d'information ses propres perversions avec, en premier lieu, sa fascination pour l'image. Et cette idée fondatrice : seul le visible mérite information ; ce qui n'est pas visible et n'a pas d'image n'est pas télévisable, donc n'existe pas médiatiquement.

Les événements producteurs d'images fortes – violences, guerres, catastrophes, souffrances – prennent dès lors le dessus dans l'actualité : ils s'imposent aux autres sujets même si, dans l'absolu, leur importance est secondaire. Le choc émotionnel que produisent les images télévisées – surtout celles de chagrin, de souffrance et de mort – est sans commune mesure avec celui que peuvent produire les autres médias. Même la photographie (il suffit de songer à la crise actuelle du photoreportage, de plus en plus gagné par le *people* et les péripéties de la vie des célébrités).

Contrainte de suivre, la presse écrite croit alors pouvoir recréer l'émotion ressentie par les téléspectateurs en publiant des textes (reportages, témoignages, confessions) qui jouent, de la même manière que les images, sur le registre affectif et sentimental, s'adressant au cœur, à l'émotion et non à la raison, à l'intelligence. De ce fait, même les médias réputés sérieux en viennent à négliger des crises graves, qu'aucune image ne permet de faire exister concrètement.

L'image oblitère le son

L'image, pense-t-on, est reine. Elle vaut mille mots. Cette loi de base de l'information moderne n'est pas ignorée par les pouvoirs politiques, qui tentent d'en user à leur profit. Ainsi, à propos des questions délicates et compromettantes, ils veillent jalousement à ce qu'aucune image ne circule ; il s'agit là, ni plus ni moins, d'une forme de censure. Les récits écrits, les témoignages oraux peuvent, à la rigueur, être diffusés, car ils ne produiront jamais le même effet. Le poids des mots ne vaut pas le choc des images ; comme l'affirment les experts en communication : l'image, quand elle est forte, oblitère le son et l'œil l'emporte sur l'oreille. Certaines images sont donc désormais sous très haute surveillance, ou, pour être plus précis, certaines réalités sont strictement interdites d'images, ce qui est le moyen le plus efficace de les occulter. Pas d'image, pas de réalité.

Par exemple, les états-majors des armées ont, depuis la guerre du Vietnam, compris cela. Et aucune guerre depuis, surtout celles conduites par les grands États démocratiques, n'a fait l'objet de transparence en matière d'information. Ruses, mensonges, silences sont devenus la norme, comme on a pu le constater à l'occasion de la guerre des Malouines en 1982, de l'invasion de la Grenade en 1983 ou du Panamá en 1989, de la guerre du Golfe en 1991, et enfin de la guerre en Bosnie entre 1993 et 1996.

La « censure démocratique »

L'armée n'est pas la seule à l'avoir compris. La plupart des organismes publics ou privés, tout autant lucides, se sont massivement dotés d'attachés de presse et de chargés de communication, dont la fonction n'est autre que de pratiquer la version moderne, « démocratique », de la censure.

Depuis toujours, le concept de censure est assimilé au pouvoir autoritaire, dont elle est, en effet, un élément constitutif majeur. Elle signifie suppression, interdiction, prohibition, coupure et rétention de l'information, l'autorité estimant précisément qu'un attribut fort de sa puissance consiste à contrôler l'expression et la communication de tous ceux qui sont sous sa tutelle. C'est ainsi que procèdent les dictateurs, les despotes ou les juges de l'Inquisition.

Vivre dans un pays libre, c'est vivre sous un régime politique qui ne pratique pas cette forme de censure et qui, au contraire, respecte le droit d'expression, d'impression, d'opinion, d'association, de débat, de discussion.

Cette tolérance, nous la vivons tellement comme un miracle que nous négligeons de voir qu'une nouvelle forme de censure s'est subrepticement mise en place, que l'on pourrait appeler la « censure démocratique ».

Celle-ci, par opposition à la censure autocratique, ne se fonde plus sur la suppression ou la coupure, sur l'amputation ou la prohibition de données, mais sur l'accumulation, la saturation, l'excès et la surabondance d'informations.

Le journaliste est littéralement asphyxié, il croule sous une avalanche de données, de rapports, de dossiers – plus ou moins intéressants – qui le mobilisent, l'occupent, saturent son temps et, tels des leurres, le distraient de l'essentiel. De surcroît, cela encourage sa paresse puisqu'il n'a plus à chercher l'information, et qu'elle vient à lui d'elle-même.

« TOUT IMAGE » / « ZÉRO IMAGE »

Deux logiques s'affrontent : celle du « tout image », voulue par la télévision, et celle du « zéro image », défendue par les pouvoirs. La première pousse à des abus de plus en plus fréquents : la nécessité impérative de disposer d'images conduit en effet à élaborer des faux ou à recourir aux archives de façon très approximative (comme lorsqu'un cormoran breton fut présenté comme une mouette du Golfe victime de la « marée noire » volontairement provoquée par M. Saddam Hussein) [1], à reconstituer des scènes à l'aide de comédiens ou d'images

1. Cf. *Daniel Bougnoux, Pierre Bourdieu, Régis Debray, Jean-Claude Guillebaud, Gérard Leblanc, Paul Virilio et al.*, *Les Mensonges de la guerre du Golfe*, Paris, Arléa-Reporters sans frontières, 1992.

de synthèse, à faire appel aux vidéastes amateurs ayant filmé « en direct » et « sur le vif » des événements sans importance, etc.

Quant à l'autre logique, celle du « zéro image », est-elle de la censure au sens classique du terme ? On ne peut pas réellement le prétendre car si, dans un État de droit, le statut de l'image est réglementé – on ne filme pas n'importe quoi n'importe comment, des autorisations sont nécessaires pour pénétrer avec des caméras dans des hôpitaux, des prisons, des casernes, des commissariats, des asiles... –, c'est qu'il y va du respect de la personne humaine.

Ce qui va, en revanche, bien au-delà, c'est l'attitude des militaires qui, lors de conflits récents, ont voulu prolonger ce raisonnement et l'étendre à toute zone de combats. L'enjeu ici n'est plus le même, car la guerre, toute guerre, relève, elle, du politique, et concerne donc directement les citoyens, qui ont le devoir de s'informer et le droit d'être informés. Les journalistes, dans le Golfe, en Bosnie, au Rwanda, en Irak, au Kosovo, ont-ils bien fait d'accepter la logique des militaires ? C'était, inévitablement, se rendre complices de mensonges.

Tam-tam planétaire

Un tel affrontement de logiques contradictoires se produit à un moment où la télévision, en raison d'un saut technologique majeur, est en mesure de présenter, en direct et instantanément, des images de n'importe quel point de la planète. Elle peut facilement, depuis une dizaine d'années, suivre un événement – fait divers ou crise internationale – sur toute sa durée. Elle peut aussi, comme le fait régulièrement la chaîne américaine CNN, grâce aux transmissions par satellite et aux connexions multiples, transformer un événement – crise d'Irak, procès d'O. J. Simpson, funérailles de Lady Diana, affaire Clinton-Lewinsky – en affaire centrale de la planète, en faisant réagir les principaux dirigeants du monde, les personnalités les plus en vue, en contraignant les autres médias à suivre et à amplifier l'importance de l'événement, à confirmer sa gravité et à rendre d'une urgence absolue la résolution du problème.

Qui peut échapper à ce tam-tam planétaire ? Tiananmen, Berlin, Roumanie, Golfe, Somalie, Rwanda, Bosnie, Simpson, Diana, Clinton-Lewinsky scandent avec une telle force le rythme de l'actualité que tout le reste de l'information s'estompe, s'assourdit, se dissipe. Au point même que des faits majeurs peuvent se dissimuler derrière le paravent des médias et échapper à l'attention du monde.

L'« EFFET PARAVENT »

Cela aussi, les pouvoirs l'ont compris, qui profitent de la distraction du village planétaire, occupé à suivre avec passion un grand « drame » de l'information, pour conduire quelque action critiquable. Cela s'appelle l'« effet paravent » : un événement sert à en cacher un autre ; l'information occulte l'information. Ainsi, les États-Unis profitèrent de l'émotion planétaire soulevée par la « révolution » roumaine en décembre 1989 pour envahir, aux mêmes dates, le Panamá ; Moscou se servit de la guerre du Golfe pour tenter de régler discrètement ses problèmes baltes et pour exfiltrer d'Allemagne Eric Honecker (ancien dictateur de la RDA) ; le gouvernement israélien exploita les criminelles attaques des *Scud* irakiens en 1991 pour réprimer de manière encore plus radicale les populations civiles palestiniennes de Cisjordanie et de Gaza ; M. Clinton tenta de dévier l'attention des médias de ses affaires personnelles avec Monica Lewinsky en réalimentant artificiellement les tensions militaires dans la région du Golfe au printemps 1998, puis en bombardant le Soudan et l'Afghanistan en août et en relançant, en décembre 1998, le conflit contre Bagdad.

La fureur de connecter

L'ensemble de ces dangers n'empêche pas l'information télévisée de s'abandonner à la griserie du direct, au point qu'elle semble possédée par une fureur de connecter, de brancher, de relier... La guerre du Golfe a porté cette fièvre nouvelle à son paroxysme, puisque c'est à cette occasion que la télévision – et particulièrement CNN – a littéralement exhibé ses capacités technologiques modernes et sa maîtrise, pas toujours parfaite, des branchements : Washington, Amman, Jérusalem, Dahran, Bagdad, Le Caire se succédaient vertigineusement à l'écran, dans une sorte d'auto-zapping étourdissant, enivrant, fascinant. Depuis, toutes les chaînes ont imité CNN, et le moindre événement local (élections législatives ou présidentielles, mariage princier), ou international (voyage du pape à Cuba en janvier 1998) donne lieu à une hystérie du branchement, à une folie des connexions reposant sur des dizaines d'« envoyés spéciaux ».

C'est là, d'ailleurs, l'information principale : cette aptitude à joindre le bout du monde. Car, pour le reste, cette « télé-visiophonie » sonne creux. De surcroît, en multipliant les connexions, elle contraint les correspondants à demeurer près des antennes mobiles, les empêchant d'aller en quête d'informations, ce qui devrait pourtant être leur mission principale. La permanente sollicitation des studios centraux oblige, en outre, les reporters à se brancher eux-mêmes sur d'autres médias, alimentant ainsi, en boucle, le système informationnel de rumeurs diverses, de déclarations sans importance, et de faits non vérifiés.

Sous prétexte que les meilleures histoires journalistiques commencent souvent comme des rumeurs, Matt Drudge les diffuse, via Internet, sans état d'âme. Il se demande : « À partir de quand deviennent-elles des nouvelles avérées ? » Et conclut, sans problème de conscience : « Cela est impossible à définir [1]. » Sam

1. *El País*, 27 décembre 1997.

Donaldson, correspondant de la chaîne ABC à la Maison-Blanche lors de l'affaire Clinton-Lewinsky, confirme que, fort souvent, les journalistes n'ont rien de neuf à proposer : « On s'interviewe les uns les autres parce qu'on n'a personne d'autre à qui parler [1]. »

Il s'agit de démontrer à tout prix que le système fonctionne, que la machine « communique », et non pas qu'elle informe.

La vie est un match

Conséquence de cette situation nouvelle, de cette fascination pour le direct, le *live*, le temps réel : le changement de modèle de représentation du journal télévisé. Celui-ci, spectacle structuré comme une fiction, a toujours fonctionné sur une dramaturgie de type hollywoodien. C'est un récit dramatique où se succèdent, dans un mélange de genres, des coups de théâtre et des changements de ton – autour de trois registres centraux : mort, amour, humour – et qui repose sur l'attrait principal d'une star, le présentateur (ou la présentatrice) unique : Walter Cronkite hier, Peter Jennings ou Dan Rather aujourd'hui.

Au cinéma, l'intérêt ne réside pas dans l'histoire même de *La Dame aux camélias* ou de *Madame Bovary*, par exemple, que chacun connaît, mais dans la manière dont Greta Garbo ou Isabelle Huppert incarnent ces person-

1. *Télérama,* 30 septembre 1998.

nages. De même, au journal télévisé (que l'on regarde à 20 heures après avoir écouté les radios et, éventuellement, lu les journaux), l'information principale n'est pas *ce qui s'est passé* mais comment *le présentateur* nous dit ce qui s'est passé.

Pourtant, récemment, ce modèle a été remplacé par un autre, celui du journalisme sportif. La vie est considérée comme un match, rien n'y compte plus que les images de l'événement sur lequel, comme pour le match, il n'y a, en réalité, pas grand-chose à dire. Le commentaire devient alors minimal, et le rôle du présentateur discret. Le journaliste se borne à ajouter un minimum d'informations – car la force de l'image doit l'emporter sur tout – si bien que, tout comme lors d'un match de football ou de hockey, on peut pratiquement suivre les événements du journal télévisé en supprimant le son. Est-ce un hasard si l'émission la plus emblématique de la chaîne européenne d'informations en continu, Euronews, s'appelle *No comment* et ne comporte, en effet, aucun commentaire ?

Au moment de la chute du mur de Berlin, en novembre 1989, les présentateurs des journaux télévisés qui s'étaient déplacés sur les lieux disaient, en regardant la caméra, alors que derrière eux s'écoulait la foule de l'Est vers le Berlin opulent : « Regardez, vous voyez l'histoire se faire sous vos yeux. »

Voilà ce que croit aujourd'hui la télévision : qu'elle a le pouvoir de donner à voir « *l'histoire en train de se faire* », et que donner à voir, c'est faire comprendre d'un seul et même coup. Certes, il suffit de suivre le ballon pour voir un match, mais la politique n'est pas un match, les règles du jeu ne sont pas codifiées comme celles d'un sport. Informer n'est pas commenter un match. Le journaliste qui accepte cela s'auto-abolit en admettant que sa fonction est pratiquement inutile et que, désormais, l'essentiel est de montrer, comme si le reste ne pouvait plus être que bavardage.

Inutiles journalistes

La principale conséquence en est l'idée, de plus en plus répandue par les tenants de l'information « en continu et en temps réel », que n'importe qui vaut un journaliste, et réciproquement. Ainsi, dès qu'un événement éclate quelque part, les médias – surtout la radio (*cf.* France Info) et la télévision – ont pris l'habitude d'établir un contact avec quelqu'un se trouvant sur place – dont on exige seulement qu'il parle français –, qui dit ce qu'il sait. Même si c'est peu, même si c'est faux, même si c'est une rumeur. L'important, c'est le branchement et son « effet de réel » : celui qui parle est sur place, cela est une garantie d'authenticité, voilà l'« effet de réel » ; c'est un « vrai » témoin et cela suffit. Ce système signe la ruine du véritable journalisme d'enquête puisqu'un « témoin » (l'origine grecque qui signifie « martyr » est-elle dénuée de sens ?) devient, dans l'idéologie du direct, une valeur absolue, et que l'on exige de tout journaliste qu'il le devienne.

Il est envoyé sur des lieux qu'il ne connaît pas, dont

il ignore la langue, le contexte socio-politique, l'histoire, la culture, et, à peine vient-il d'arriver, que déjà sa chaîne le contacte et lui demande, à chaud, ses premières impressions. Il faut que cela aille vite, très vite : « *Slow news, no news* », tel est le slogan de CNN. Tout cela « fait vivant », tout cela « communique », c'est l'essentiel.

Qu'est-ce que la crédibilité ?

Mais les bouleversements induits par ces nouvelles formes de journalisme vont bien au-delà encore, et expliquent que le téléspectateur reste interloqué et désorienté. Car ce qui est transformé, c'est l'instance de crédibilisation du système d'information télévisuel.

Pourquoi croit-on un discours audiovisuel d'information ? Quels éléments viennent le légitimer ? Dans l'histoire de l'information audiovisuelle, il y a eu jusqu'à présent deux modes de crédibilisation.

Il y eut d'abord les actualités cinématographiques : chaque semaine, les salles de cinéma présentaient un aperçu de l'actualité nationale et mondiale en images et sons. La crédibilité du discours était alors fondée sur le commentaire *off*. Il disait ce qu'on devait voir, et fixait le sens des images ; il rendait ce sens acceptable, évident. (Chris Marker, dans *Lettre de Sibérie*, en 1961, a définitivement démontré l'importance sémantique, la domination du commentaire sur les images : il y présentait trois séquences aux images identiques, commentées de trois manières différentes, positive, négative et neutre, révélant ainsi que c'est le commentaire qui impose le sens que le spectateur donne aux images.) La voix du commentaire restait anonyme, non identifiée (nul crédit au générique), c'était la voix d'une abstraction, d'une allégorie : celle de l'information. Cette voix, proprement théologique, parlait aux spectateurs dans le noir et le silence de la salle. Et on devait la croire.

Le second modèle, celui du journal télévisé de type hollywoodien, s'est imposé aux États-Unis au début des années 70 sur la chaîne CBS, avec le présentateur Walter Cronkite, et reposait sur des éléments strictement contraires. La voix qui parlait n'était plus anonyme, elle avait un visage et un nom ; elle était parfaitement identifiée, c'était celle du présentateur qui parlait au téléspectateur (grâce à un souffleur électronique, le *prompter,* qui lui permettait de lire son texte) les yeux dans les yeux ; il lui parlait chaque soir, était reçu chez lui. Un rapport de confiance s'établissait, de connaissance – au moins virtuelle – entre présentateur et téléspectateur, qui crédibilisait l'information selon l'idée qu'une personne familière qui vous regarde les yeux dans les yeux *ne peut vous mentir.*

C'est vrai parce que c'est technologique

Dans le dispositif contemporain, qui constitue le troisième modèle de crédibilisation, la figure du présentateur s'estompe. D'abord, l'information « en direct en temps réel », vingt-quatre heures sur vingt-quatre, de type CNN, Euronews, Bloomberg ou LCI, ne peut reposer sur un présentateur unique, elle l'épuise. Ensuite, les passages sur le studio central sont fugaces, celui-ci ne fonctionnant presque plus que comme une plaque tournante, un centre de triage, un carrefour. Au bout du compte, rien n'est plus important que le réseau, le maillage des correspondants, la multiplication des connexions, bref, le clignotement permanent du système qui occupe désormais la place centrale.

Un appareillage de stimulation électronique se montre, s'exhibe, fonctionne, « communique », qui semble nous dire : « Ce que je vous montre est vrai puisque c'est technologique. » Et nous le croyons parce que nous sommes bluffés, parce qu'il nous intimide, nous impressionne, nous en met plein les yeux et nous persuade qu'un système capable de telles prouesses technologiques ne peut mentir.

Mais pour l'instant, les téléspectateurs n'ont pas encore de repères pour établir, avec une telle machinerie, le rapport de confiance indispensable à la crédibilité du discours. Ce qui est sûr, c'est que rien ne ressemble ni à la voix abstraite de l'information, ni à la présence souriante d'un présentateur. Face au citoyen, *ça* connecte, *ça* branche, *ça* circule en réseaux, bref, *ça* « communique », mais le citoyen sent confusément que *ça* l'exclut.

Reproduire les événements

La télévision n'est pas une machine à produire de l'information, mais à reproduire des événements. L'objectif n'est pas de nous faire comprendre une situation, mais de nous faire assister à une (més)aventure. Au malaise du politique, gangrené par les « affaires » et par la déflation des idéologies, se sont ajoutées depuis quelque temps la méfiance, la répulsion à l'égard des journalistes et des médias.

La guerre du Golfe, la Somalie, le Rwanda, la Bosnie, O. J. Simpson, Diana, Clinton-Lewinsky et tant d'autres télé-événements – répercutés aussi par la radio et la presse – ont fini par déconcerter les citoyens. Et ce d'autant plus que cette déception arrive après la médiaphilie des années 70 et 80, quand le journalisme, en tant que « quatrième pouvoir », était présenté comme un recours possible contre les abus des trois autres (exécutif, législatif et judiciaire), une garantie pour les citoyens d'un vrai contrôle démocratique. Bardé des qualificatifs les plus flatteurs – indépendant, probe, honnête et rigoureux –, le journaliste émergeait de la décomposition générale et apparaissait comme un authentique paladin de la vérité, le fidèle allié du citoyen désemparé.

L'affaire du Watergate, dans les années 70, et le rôle qu'y jouèrent quelques journalistes, vinrent confirmer que même l'homme le plus puissant de la planète – le président des États-Unis – ne pouvait résister à la force de la vérité quand celle-ci était défendue par des reporters sans tache, incorruptibles. M. Richard Nixon, accablé par les révélations du *Washington Post*, dut ainsi démissionner en 1974.

Le « réalisme démocratique »

Au cours des années qui suivirent, le journaliste fut véritablement présenté comme le « héros positif » dans des fictions appartenant à un courant qu'on pourrait appeler « réalisme démocratique » (de même que l'ouvrier modèle, l'« homme de marbre », était naguère le héros positif des fictions du « réalisme socialiste »). Combien de films, d'émissions, de docu-drames n'ont-ils pas été consacrés à sa gloire, à sa geste ou à son martyre ?

Tout au long de la décennie 80, alors que s'effondraient, disait-on, les idéologies et que disparaissaient la plupart des intellectuels de renom, la figure du preux journaliste, elle, se dressait. Certains d'entre eux, en France et ailleurs, devenaient même de nouveaux « maîtres à penser ». Consultés comme des oracles par les grands médias, écoutés par les hommes politiques, suivis par les citoyens, certains de ces vaticinateurs ont même acquis, aux yeux du plus grand nombre (nouvelle preuve de la défaite de la pensée), le statut de vrais penseurs de notre temps.

On comprend dès lors qu'ils tombent aujourd'hui de haut, en devant affronter les sarcasmes et la défiance des citoyens [1]. Et ce, même si nombre d'entre eux partagent

---

1. *Cf.*, à cet égard, Serge Halimi, *Les Nouveaux Chiens de garde*, Paris, Liber-Raisons d'agir, 1997.

cette défiance – 84 % des journalistes estiment avoir été « manipulés » pendant la guerre du Golfe –, et si l'accablement actuel est, probablement, aussi immérité que l'encensement de naguère.

Si le public sent bien que d'une information de qualité dépend sa plus ou moins bonne participation à la vie civique – et donc la qualité de la démocratie –, il ne s'en est pas moins laissé bercer par la flatterie de la télévision, qui lui promettait de l'informer en le divertissant et en lui présentant un spectacle plein de rebondissements, passionnant comme un film d'aventures. Cette contradiction initiale se résout finalement par la conscience actuelle qu'ont ces citoyens du danger induit par une information séduisante, qui suit, jusqu'au paroxysme, la logique du suspense et du spectacle. Ils découvrent que s'informer fatigue et que la démocratie est à ce prix.

Presse, pouvoirs et démocratie

Le conflit entre la presse et le pouvoir est, depuis un siècle, une question d'actualité, mais il prend une dimension inédite aujourd'hui. Parce que le pouvoir n'est plus identifié au seul pouvoir politique (lequel, de surcroît, voit ses prérogatives rongées par l'ascension du pouvoir économique et financier) et parce que la presse, les médias ne se trouvent plus, automatiquement, en relation de dépendance avec le pouvoir politique ; l'inverse est bien souvent le cas. On peut même dire que le pouvoir est moins dans l'action que dans la communication.

On ne peut pas comprendre les problèmes de la presse si l'on ne se pose pas la question du fonctionnement des médias, et plus particulièrement de l'information. On ne peut plus dissocier, comme on le faisait traditionnellement dans les écoles de journalisme et dans les départements de « sciences » de l'information ou de la communication des universités, les différents médias : presse écrite, radio et télévision. Ils sont désormais enchaînés les uns aux autres, ils fonctionnent en boucle, les médias répétant les médias, imitant les médias.

Quant à parler du pouvoir, cela ne peut se faire qu'en considérant la crise qu'il subit, au sens large du terme, et qui en est l'une des caractéristiques en cette fin de siècle. D'un pouvoir vertical, hiérarchique et autoritaire, nous sommes en train de passer à un pouvoir horizontal, réticulaire et consensuel (un consensus obtenu, précisément, par le biais de manipulations médiatiques). Crise, dissolution, dispersion du pouvoir, on ne sait plus que difficilement où il se trouve.

Et qu'en est-il, dans ce contexte, de la presse, de l'information, dont on a dit longtemps qu'elles constituaient le « quatrième pouvoir », par opposition aux trois pouvoirs traditionnels – législatif, exécutif, judiciaire – définis par Montesquieu ? Quatrième pouvoir ayant pour mission civique de juger et de jauger le fonctionnement des trois autres... Peut-on encore le qualifier ainsi ?

Le deuxième pouvoir

Tout d'abord, il existe une sorte de confusion entre les médias dominants et le pouvoir politique, au point que les citoyens doutent que la fonction critique du « quatrième pouvoir » soit encore remplie.

Ensuite, pour parler de « quatrième pouvoir », encore faudrait-il que les trois premiers existent et que la hiérarchie qui les organisait dans la classification de Montesquieu soit toujours valable. En réalité, le premier pouvoir est aujourd'hui clairement exercé par l'économie. Le second (dont l'imbrication avec le premier apparaît très forte) est certainement médiatique – instrument d'influence, d'action et de décision incontestable –, de sorte que le pouvoir politique ne vient plus qu'au troisième rang.

Une méfiance nouvelle

Cette situation impose de s'interroger sur le fonctionnement de l'information et sur ses rouages. À quelles structures répond-elle ? Et ces structures, cette rhétorique, ces figures d'expression ont-elles toujours été ainsi ?

Les sondages et les enquêtes montrent bien l'émergence, depuis quelques années, chez les citoyens, d'une méfiance, d'une distance critique, à l'égard de certains médias. Et particulièrement, à l'égard d'un type de journalistes [1]. Serge Halimi, dans son livre *Les Nouveaux Chiens de garde* [2], a magistralement démontré les travers,

1. *Cf.* Jean-François Kahn, « Les journalistes sont-ils vendus à l'establishment ? », *Marianne*, 6 juillet 1998. *Cf.* aussi le dossier : « Faut-il brûler les journalistes ? », *Marianne*, 10 août 1998. Enfin, *cf.* le douzième baromètre « Les Français et les médias », dans *La Croix*, 19 janvier 1999 ; à la question : « Croyez-vous que les journalistes sont indépendants, c'est-à-dire qu'ils résistent aux pressions des partis politiques et du pouvoir ? », 59 % des personnes interrogées répondent « non ».

2. *Op. cit.*

en France, d'un petit groupe de journalistes de révérence : « Les médias français se proclament contre-pouvoir, écrit-il. Mais la presse écrite et audiovisuelle est dominée par un journalisme de révérence, par des groupes industriels et financiers, par une pensée de marché, par des réseaux de connivence. Un petit groupe de journalistes omniprésents impose sa définition de l'information-marchandise à une profession de plus en plus fragilisée par la crainte du chômage. Ils servent les intérêts des maîtres du monde. Ils sont les nouveaux chiens de garde. »

La radio conserve, elle, malgré tout, une certaine confiance. Il est pourtant probable qu'en l'étudiant d'un peu plus près, on trouverait également des raisons d'être méfiants, notamment à l'égard de certaines chaînes d'informations en continu. Mais une telle étude critique est moins facile à réaliser que pour la presse écrite ou la télévision, car la radio laisse peu de traces. Il y a bien des magnétophones, mais qui enregistre les journaux parlés d'Europe 1, de RTL, ou de France-Info ? Cette particularité de la radio, les difficultés techniques et la paresse des auditeurs expliquent l'impression générale d'un média plus professionnel et donc davantage digne de confiance. Ce qui ne signifie pas, en tout cas, qu'elle soit justifiée.

Sur la presse écrite, à l'inverse, un travail d'éducation et de lecture critique est fait, en particulier dans les établissements scolaires. Car, *scripta manent*, la trace est là, on ne peut pas l'effacer, celle des horreurs pas plus que le reste. De la même manière, les images de la télévision sont de plus en plus regardées, enregistrées, analysées (le travail pédagogique de Daniel Schneidermann dans l'émission *Arrêt sur image*, sur La Cinquième, en est un exemple ; celui que fait le médiateur de France 2, Didier Epelbaum, également), et cet effort permet d'y déceler des anomalies ou des manipulations.

Le modèle Watergate

Cette méfiance à l'égard des médias dans leur ensemble est relativement nouvelle. *Télérama* et *La Croix* font, annuellement, depuis une douzaine d'années, un sondage qui en dit long à ce sujet. En en étudiant l'évolution, on observe qu'à la fin des années 80, cette méfiance n'existait globalement pas. La télévision bénéficiait même d'une grande crédibilité, puisqu'elle était souvent la plus nommée à la question : « Si, à propos d'un même événement, la presse écrite, la radio et la télévision disent des choses différentes, quel est le média que vous croyez le plus ? ».

Par ailleurs, il n'y a pas si longtemps, la presse était créditée d'une capacité assez spectaculaire à révéler les dysfonctionnements de la politique. L'affaire du Watergate (du nom de l'immeuble de Washington où les démocrates avaient leur quartier général électoral et où furent découverts des micros dissimulés par les républicains) a bien montré, dans les années 70, que deux simples journalistes, Bob Woodward et Carl Bernstein, d'un journal certes sérieux mais pas dominant, le *Was-*

hington Post, pouvaient renverser le président des États-Unis, Richard Nixon.

La presse était non seulement capable de radicalité dans sa volonté de dénoncer les abus, de dire la vérité ou d'énoncer des critiques aux gouvernants, mais aussi de respect à l'égard d'une certaine éthique professionnelle. La différence entre le Watergate et l'affaire Clinton-Lewinsky est, en la matière, considérable. Carl Bernstein a dénoncé, en particulier, le comportement peu professionnel de certains médias : « Les chaînes d'info continue n'ont pas du tout traité l'affaire Clinton-Lewinsky dans son contexte. Spéculations, analyses psychologiques, etc., tout cela est bien éloigné du journalisme responsable. Enfin, nous avons aussi une presse "tabloïd" – grâce à M. Rupert Murdoch, notamment – et donc beaucoup de journaux que la vérité et l'exactitude n'obsèdent pas, et qui, comme le *New York Post*, sont enclins au sensationnalisme et au parti pris. »

Il ajoute que, sur le fond aussi, les deux affaires se distinguent fondamentalement : « Dans le Watergate, nous avions affaire à un abus de pouvoir systématique et qui se répandait partout. Un président des États-Unis avait utilisé sa fonction pour détourner le processus démocratique : il avait ordonné des écoutes téléphoniques, des cambriolages, des incendies ; il avait fait cogner sur des manifestants. Il n'y a jamais rien eu de comparable dans notre histoire. Ni avant, ni après Nixon. Le Monicagate est loin de ces abus. Nous ne sommes pas confrontés à un abus de pouvoir constitutionnel, mais à une conduite qui couvre de honte le président et sa fonction, et à un mensonge sous serment [1]. »

La plupart des journaux à travers le monde, en particulier dans les grands pays développés et démocratiques, ont essayé d'imiter le ton ou le style journalistique, mis en valeur lors de l'affaire du Watergate. On admettait que des journalistes, armés de la vérité, puissent s'opposer à des dirigeants politiques. Dans de nombreux récits et fictions de la culture de masse, le héros principal, redresseur de torts et justicier, est un journaliste. Superman lui-même (le reporter Ken Clark) n'est-il pas journaliste, tout comme Spiderman (le photo-reporter Peter Parker) ou Tintin ?

La vérité médiatique

Pourquoi cette noble conception du journalisme s'est-elle effondrée ? Comment est-on passé d'une sorte de glorification du journaliste, héros de la société moderne au milieu des années 70, à la situation actuelle où, devenu « nouveau chien de garde », il occuperait la position de tête dans un classement de l'infamie ?

Des considérations de plusieurs ordres sont intervenues, certaines technologiques, d'autres politiques, économiques et également rhétoriques. On peut estimer que le tournant dans l'approche théorique de l'information s'est situé lors de cette année de tous les événements qu'a

1. *Télérama*, 30 septembre 1998.

été 1989. Il a pu y avoir, avant cette date, des éléments annonciateurs, mais ce n'est qu'alors que le phénomène est devenu médiatiquement perceptible.

Dans la nouvelle conception de l'information qui en a émergé, un concept est devenu de plus en plus important et de plus en plus équivoque : celui de vérité. Dans son film *Snake Eyes* (1998), un thriller qui se déroule dans l'univers d'un casino d'Atlantic City, et qui est une métaphore sur la démocratie américaine envisagée comme un grand supermarché où le mensonge ferait loi, le réalisateur Brian De Palma montre que la visualisation effrénée, la profusion d'images, la multiplicité des preuves et des regards (sur l'assassinat en direct du secrétaire d'État à la Défense, venu assister à un combat de boxe) ne mènent pas à la vérité. Comme dans l'univers que nous promettent les journaux télévisés (et que symbolise souvent le mur d'écrans situés derrière le présentateur), il y a pourtant des caméras partout. Le casino est en effet équipé d'un système de surveillance très élaboré, avec des caméras placées dans chaque recoin et l'enceinte extérieure où se déroule le combat est dominée par un dirigeable dans lequel a été installé un gigantesque œil-caméra.

« L'homme voudrait croire – déclare Brian De Palma – qu'à force d'enquêter, il finira par trouver une solution aux énigmes de notre histoire. (...) On en est toujours resté à la fameuse phrase de Godard selon laquelle le cinéma ce serait la vérité 24 images par seconde. Je crois le contraire, le cinéma nous ment 24 images par seconde. Il y a eu un traumatisme auquel a dû faire face ma génération. Une parenthèse qui commence avec l'assassinat de Kennedy, et se termine avec la guerre du Vietnam. Durant cette période, nous nous sommes aperçus que l'on nous mentait. Je ne sais pas jusqu'à quel point, mais l'important était que nous entrions dans une ère du doute. Nous ne pouvions plus croire ce que nous regardions, ni souscrire à ce que l'on nous racontait [1]. »

Toutes proportions gardées, les mêmes questions se posent à l'égard de la télévision depuis la guerre du Golfe. Où est la vérité ? Le téléspectateur peut dire désormais : « J'ai *vu* ce qui s'est passé au Kosovo, j'ai *vu* les combats, j'ai *vu* cette victime précise abattue sous l'œil de la caméra, là, devant *mes* yeux, etc. » Car l'information, telle qu'elle est énoncée maintenant, établit une apparente passerelle entre l'événement lointain et le sentiment intime de chacun, qui crée un effet trompeur. Si je vois une scène qui suscite mon émotion, qu'est-ce qui l'établit comme vraie ? Les circonstances objectives qui entourent cette scène comme événement et comme fait matériel, ou la compassion que j'éprouve personnellement ?

La vérité est-elle dans la réalité du corps virtuel que je vois mourir sur l'écran ou dans la matérialité des larmes que cette vision suscite en moi ? L'ambiguïté est, en tout cas, bien réelle : on pense désormais facilement que, puisque les larmes sont *vraies*, l'événement qui en est à l'origine l'est aussi. Et cette confusion que crée

1. *Le Monde*, 10 novembre 1998.

l'émotion est aussi incontrôlable que l'émotion elle-même.

Cette rhétorique a conféré à la télévision un rôle pilote en matière d'information, grâce à son monopole sur l'image animée, obligeant les autres médias à l'imiter ou à se laisser distancer et, en tout état de cause, à se déterminer par rapport à elle.

Dans notre environnement intellectuel, la vérité qui compte est la vérité médiatique. Quelle est cette vérité ? Si, à propos d'un événement, la presse, la radio et la télévision disent que quelque chose est vrai, il sera établi que cela est vrai. Même si c'est faux. Car est désormais vrai ce que l'ensemble des médias accréditent comme tel.

Or, le seul moyen dont dispose un citoyen pour vérifier si une information est vraie est de confronter les discours des différents médias. Alors, si tous affirment la même chose, il n'y a plus qu'à admettre ce discours unique...

Un génocide occulté

Revenons, par exemple, sur le génocide du Rwanda en 1994, quand des Hutus exterminèrent près d'un million de Tutsis. Les informations sur cet événement furent d'abord confuses car elles n'arrivèrent en France que début mai – les massacres avaient commencé dès le mois d'avril –, c'est-à-dire au moment où tous les médias étaient occupés à couvrir le Festival de Cannes.

Il est très significatif, dans ce contexte, que ces derniers aient alors consacré plus d'espace à évoquer ce « grand événement » qu'était le film de Bernard-Henri Lévy, *Bosna !*, qu'à parler du Rwanda. Cela prouve bien qu'une barbarie (dans tous les sens du terme) peut en cacher une autre.

Puis la tragédie rwandaise éclata dans toute son horreur et on entendit alors parler de « génocide ». Ce n'est pas un terme banal. Les Nations unies ne l'ont utilisé que quatre fois au cours de ce siècle pour désigner des drames qui, tout en n'étant pas comparables, désignent des monstruosités : les génocides arménien, juif, cambodgien et rwandais. Des images atroces, apocalyptiques, furent diffusées. Des gens qui souffraient, des familles, des vieillards, des femmes, des enfants, qui marchaient, se traînaient, victimes de toutes sortes d'épidémies. Nous les voyions mourir, nous assistions à leur enterrement. La France monta alors une intervention dite « opération Turquoise », dont l'objectif déclaré était de « protéger les victimes ». « *Génocide* », « *victimes* », « *protection* », tout s'enchaînait.

Mais un grave problème subsiste : car si le génocide a effectivement eu lieu, nous n'en avons, pour ainsi dire, pas eu d'images [1] (prouvant ainsi que les grands événements n'en produisent pas forcément). Des images horribles, il y en eût, mais pas du génocide lui-même. Cette tragédie s'est produite en l'absence des caméras. Seules

1. *Cf.* Edgar Roskis, « Un génocide sans image », *Le Monde diplomatique*, novembre 1994.

quelques scènes furent montrées, filmées de très loin, floues, imprécises. Mais, à part ces très rares témoignages iconographiques, on a pu, au final, exterminer entre 500 000 et 1 million de personnes sans que ce soit visible.

Les seules images abondantes étaient des images d'exode biblique et de personnes sur lesquelles s'abattaient les sept plaies d'Égypte. Le téléspectateur ne pouvait que se dire que c'étaient *elles*, les victimes du génocide. Or, comme on le sait aujourd'hui, ces infortunés exténués, harassés, frappés par tous les malheurs, n'étaient point les victimes, mais, essentiellement, les *bourreaux*, les auteurs du génocide !

Comment cela a-t-il été possible ? Parce que ce modèle d'information, profondément manichéen, ne peut pas tenir un discours complexe. Il ne peut pas dire à la fois : « *Voici des victimes* » et : « *Elles sont les bourreaux.* » D'autant que des troupes françaises étaient impliquées qui, pour les téléspectateurs français, ne pouvaient être que du « bon côté », celui des victimes. Alors que finalement, comme on le sait, elles protégeaient les auteurs du génocide... Cela non plus, la télévision française ne pouvait pas le dire.

Face à un drame aussi important que celui-là, l'information est loin d'être claire. Elle est viciée par l'idée que, si un événement se produit, il faut le montrer. Et on arrive à faire croire qu'il ne peut pas y avoir d'événement qui ne soit pas enregistré et qu'on ne puisse suivre en direct et en temps réel.

Censure et propagande

Dans cet exemple est contenue toute l'idéologie de CNN, la nouvelle idéologie de l'information en continu et en temps direct, que certaines radios et de nombreuses chaînes de télévision (Euronews, la Chaîne Info, Sky News, BBC World, CNBC, Bloomberg, TVE Internacional, etc.) ont adoptée. Cette idée qu'il y a des caméras partout et que, quoi qu'il se produise dans le monde, elles l'enregistreront pour nous le montrer instantanément. Avec son corollaire que, bien sûr, si ce n'est pas enregistré – un rapport de l'UNICEF, un rapport de l'Organisation internationale du travail (OIT), un rapport d'Amnesty international, un rapport du Programme des Nations Unies pour le développement (PNUD) : pas d'images, pas d'informations –, ce n'est pas important.

Ces principes de fonctionnement de l'information télévisée rendent très difficile l'articulation de l'équation : *information = liberté = démocratie.* Car, comme le dit Paul Virilio : « La révolution de l'information instantanée, c'est aussi la révolution de la dénonciation. La rumeur n'est plus un phénomène local, mais mondial. La délation de masse, quelle qu'elle soit, devient un vrai pouvoir [1]. »

Il n'y a cependant pas de fatalité à ce que l'information soit de cette nature – une information-délation

1. *Télérama*, 4 février 1998.

spectacle – dans nos sociétés démocratiques, de même qu'il n'existe pas une solution unique de rechange qui serait l'information de propagande, telle qu'elle a fonctionné, et fonctionne aujourd'hui encore, dans les dictatures et les régimes autocratiques. Un discours de propagande est un discours qui essaie, en produisant des faits, ou bien en en occultant, de construire un type de vérité fausse, ce qui est loin d'être le dessein de nos propres systèmes informationnels. La censure, qui y existe pourtant bien, n'a pas le même visage, et ne possède pas ce genre d'intentions.

Le discours de propagande est à proprement parler un discours de censure, mais la censure, en retour, n'est pas nécessairement de l'ordre de la propagande. Celle-ci consiste à supprimer, à amputer, à interdire un certain nombre d'aspects des faits, ou même l'ensemble des faits, à les occulter, à les cacher.

Si la censure existe encore sous cette forme dans les régimes autocratiques et les dictatures, elle fonctionne, on le sait, d'une autre manière dans les pays développés, apparemment démocratiques. On y trouve fort peu d'exemples d'une censure primaire venant occulter, couper, supprimer, interdire des faits. On n'y interdit pas aux journalistes de dire telle ou telle chose (même s'il y a des exceptions, comme l'a montré l'interdiction de fait du film de Pierre Carles, *Pas vu, pas pris*, qui n'a pu être diffusé en salle que grâce à une souscription lancée par l'hebdomadaire *Charlie Hebdo*). On n'y interdit pas non plus les journaux. La censure ne fonctionne plus ainsi, ce qui ne veut pas dire qu'elle n'existe plus. Elle repose simplement sur d'autres critères, plus complexes, économiques, commerciaux, ou inverses de ceux de la censure autoritaire.

Comment occulte-t-on l'information aujourd'hui ? Par un ajout d'informations : l'information est dissimulée ou tronquée parce qu'il y en a trop à consommer. Et on ne parvient même pas à s'apercevoir de celle qui manque.

Car l'une des grandes différences entre l'univers dans lequel nous vivons depuis quelques décennies et celui qui l'a immédiatement précédé, c'est que l'information n'est plus – alors qu'elle l'a été pendant des siècles – une matière rare. Avant l'ère moderne, on disait que celui qui détenait l'information détenait le pouvoir, ce dernier étant entendu comme le contrôle de la circulation de la communication.

Aujourd'hui, l'information est surabondante, autant que les quatre éléments – air, eau, terre, feu –, et elle devient de ce fait incontrôlable. Voilà quels sont les bouleversements qui ont engendré, non pas la disparition de la censure, mais sa nature nouvelle.

Prenons la guerre du Golfe, par exemple, qui a donné lieu, on le sait, à de fantastiques manipulations et à d'incroyables opérations de censure, un vrai discours de propagande en somme. Cela ne s'est pas fait sur le principe de la censure autoritaire. Les médias n'ont pas dit : « Il va y avoir une guerre et on ne va pas vous la montrer » ; ils ont dit au contraire : « Vous allez voir la guerre en direct. » Et ils ont montré tellement d'images que tout le monde a cru voir la guerre. Jusqu'à ce qu'on comprenne qu'on ne la voyait pas, que ces images masquaient des silences ; que ces images étaient souvent des faux, des reconstructions, des leurres. En fait, elles cachaient cette guerre, au point que Jean Baudrillard a pu écrire un livre intitulé *La Guerre du Golfe n'a pas eu lieu* [1].

La censure journalistique

À cela s'ajoute cette pratique fort répandue dans le milieu médiatique que le sociologue Patrick Champagne a appelée la « censure journalistique » consistant, pour tout journaliste qui veut faire normalement carrière dans le métier, à ne pas critiquer les pratiques critiquables de ses confrères. « Un problème spécifique est posé aujourd'hui par le développement même des médias – écrit Patrick Champagne –, à savoir le décalage grandissant entre, d'une part, le pouvoir objectif et collectif de ce groupe social que constituent les journalistes (pouvoir de dire ce qui est important et ce qui ne l'est pas, pouvoir de construire une représentation de la réalité souvent plus "réelle", par ses effets, que la réalité elle-même, etc.) et, d'autre part, son intolérance, voire son incapacité croissante à supporter la critique, le débat, la discussion, la mise à plat des problèmes inévitablement engendrés par la production de l'information. » Et il ajoute : « Les médias, pour se vendre, doivent donner d'eux-mêmes

1. Paris, Galilée, 1991.

une bonne image et doivent au moins faire croire en leur intégrité et en leur impartialité [1]. »

Invisible censure

Tout cela crée une sorte d'écran. Un écran occultant, opaque, qui rend plus difficile peut-être que jamais, pour le citoyen, la recherche de l'information juste. Au moins, dans le système préalable, la béance que créait l'interdiction était visible, on *savait* que des images, des informations étaient dissimulées. Dans les années 60 et 70, à l'époque du régime des militaires au Brésil, comme en France durant la guerre d'Algérie, certains journaux publiaient leurs pages avec du blanc à la place des articles que la censure avait interdits. Ils ne les publiaient pas, mais ils montraient la trace des articles, ce qui, paradoxalement, rendait cette censure visible.

À présent que ce n'est plus le cas, que la censure ne se voit plus, il nous faut déployer d'autant plus d'efforts de réflexion pour parvenir à comprendre sur quels mécanismes nouveaux elle fonctionne. On ne peut se contenter de croire à la thèse du complot, où un comité secret tirerait toutes les ficelles ; la réalité médiatique est beaucoup plus complexe.

Les journalistes ont mené, depuis 1989 et surtout après les mensonges de la « révolution roumaine », une importante réflexion sur les déraillements médiatiques,

1. *Les Inrockuptibles*, 16 décembre 1998.

parce qu'ils étaient les premiers concernés. Malgré cela, les délires autour de la guerre du Golfe se sont produits, après lesquels eurent lieu, à nouveau, nombre de colloques et de séminaires. Puis il y eut la Somalie, suivie de nouvelles discussions, etc. Puis le Rwanda, le procès O. J. Simpson, la mort de Diana, le Monicagate, etc.

Que se produira-t-il demain ? Un autre déraillement, c'est certain, car le système informationnel est sans contrôle, nul ne le pilote. Pourquoi ? Parce que, précisément, ce type d'information, assuré par un très grand nombre de journalistes satisfaits, donne l'impression d'informer un large public qui, lui, reçoit cette information avec le même plaisir que si c'était un divertissement...

Être journaliste aujourd'hui

Plus un système est hégémonique, plus l'imagination est frappée par le moindre de ses revers.

Jean Baudrillard

On s'interroge sur l'avenir des journalistes. Ils sont en voie d'élimination. Le système n'en veut plus. Il pourrait fonctionner sans eux. Ou, disons plutôt qu'il consent à le faire avec eux, mais en leur confiant un rôle moins décisif : celui d'ouvrier à la chaîne, comme Charlot dans *Les Temps modernes*... Autrement dit, en les rabaissant au rang de retoucheurs de dépêches d'agence.

La qualité du travail des journalistes est en voie de régression et, avec la précarisation galopante de la profession, leur statut social l'est également [1]. On assiste à une

1. *Cf.* Alain Accardo *et al.*, *Journalistes précaires*, Bordeaux, Le Mascaret, 1998 ; *cf.* aussi Patrick Champagne, « Le journalisme entre précarité et concurrence », Paris, *Liber*, n° 29, décembre 1996.

véritable et formidable taylorisation de leur métier. Il faut voir ce que sont devenues les rédactions, aussi bien celles des quotidiens que celles des radios et des télévisions : on remarque les célébrités qui signent les grands éditoriaux ou qui présentent les journaux télévisés, mais ces « stars » cachent en réalité des centaines de journalistes réduits à l'état de soutiers. « Progressivement, – explique Patrick Champagne – le secteur médiatique est gagné, à son tour, par le néolibéralisme, et l'information tend à être de plus en plus sous-traitée à des journalistes précaires corvéables à merci qui travaillent à façon et fabriquent une information sur commande [1]. »

« Il fut un temps – constate, de son côté, l'hebdomadaire *The Economist* – où le journalisme relevait de l'artisanat. Aujourd'hui, il est devenu une industrie. Il n'est qu'à observer la production de la chaîne américaine NBC : ces deux dernières années, elle est passée de trois heures d'informations télévisées par jour à vingt-sept heures sur l'ensemble de ses chaînes, sans compter un site Web mis à jour en continu. Cela avec seulement quelques journalistes supplémentaires. Comme n'importe quel propriétaire d'usine, NBC a longuement réfléchi aux meilleurs moyens de tirer le maximum de ses ouvriers [2]. »

Un des maîtres du journalisme contemporain, le Polonais Ryszard Kapuscinski, fait un constat encore plus

1. Patrick Champagne, « La censure journalistique », *Les Inrockuptibles,* 16 décembre 1998.

2. *The Economist,* Londres, 4 juillet 1998.

accablant : « Notre profession a profondément changé. Jadis, le journaliste était un spécialiste. La profession comptait quelques grandes figures, et les effectifs étaient limités. Ce type de journaliste a progressivement disparu depuis vingt ans. Ce qui était un petit groupe s'est transformé en une classe. En donnant des cours à l'université de Madrid, j'ai découvert qu'entre les rédactions et les écoles on dénombrait, dans cette seule ville, 35 000 journalistes ! Aux États-Unis, on utilise désormais les termes *media workers* pour désigner les personnes qui travaillent dans les journaux. Cela illustre l'anonymat. Il suffit de regarder les signatures : on n'en connaît aucune. Même à la télévision, avant d'arriver à l'écran, une information passe par des dizaines de mains, elle est coupée, fragmentée, pour finalement ne plus être identifiable à un auteur. L'auteur a disparu. C'est important parce que, dans ce contexte, personne n'est plus directement responsable [1]. »

De l'éthique

Les questions de la responsabilité et de l'éthique sont désormais au cœur des préoccupations des journalistes. Car l'industrialisation de l'univers de l'information parcellise leur activité et réclame de celle-ci une rentabilité immédiate. L'irruption des nouvelles technologies (tout-informatique, numérisation, Internet) a radicalement bouleversé – davantage peut-être que dans toute autre

1. Ryszard Kapuscinski, *Lapidarium*, Milan, Feltrinelli, 1997.

profession – les manières traditionnelles de travailler. Et cela dans des délais extrêmement courts. Par exemple, à la télévision, dès le début des années 80, la cassette vidéo a remplacé le film et a permis de couvrir l'actualité beaucoup plus rapidement, plus facilement et à moindre coût. « Il y a cinq ans, rappelle un analyste, il fallait débourser environ 12 000 francs pour un créneau satellite de dix minutes de l'Australie vers Londres ; aujourd'hui, cela ne coûte que 3 000 francs... Les camions de reportage par satellite, dernier cri en matière de couverture de l'actualité, coûtent cher. Mais placez un journaliste devant l'un d'eux, faites-le passer à l'antenne, et vous obtiendrez des heures de direct pour pratiquement rien. Concernant les images, aujourd'hui, les cassettes vidéo sont à leur tour progressivement évincées par les ordinateurs. Dans les salles de rédaction des chaînes de télévision les plus modernes, les journalistes rédigent le texte et montent les images simultanément. Le risque est que la quantité de nouvelles produites augmente massivement et aboutisse à une surabondance de l'offre [1]. »

Cette surabondance se traduit par une multiplication des émissions consacrées à l'actualité. Aux États-Unis, par exemple, en 1996, il y avait à peine, en matière d'informations télévisées, trois journaux du soir, un réseau câblé et deux magazines hebdomadaires. Désormais, il y a trois journaux du soir, dix (!) magazines d'une heure, trois réseaux câblés, trois réseaux d'informations

1. *The Economist,* 4 juillet 1998.

économiques, deux réseaux d'informations sportives et trois sites Web avec des images vidéo.

Le même phénomène s'observe dans le reste du monde. Il n'y a pas si longtemps, CNN régnait sans partage à l'échelle de la planète. Actuellement, cette hégémonie est contestée par la chaîne mondiale britannique BBC World. Et, à l'échelle régionale, les concurrents sont légion. Par exemple, pour s'en tenir à l'Europe, on trouve : Euronews (rachetée par la chaîne commerciale anglaise ITN), Sky News, LCI, Bloomberg TV, Canal 24 horas (de TVE), etc.

La prolifération des magazines d'information, en seconde partie de soirée (22 heures-23 heures) participe de ce phénomène de surabondance de l'offre. Ainsi, aux États-Unis, en 1993, le magazine *Dateline NBC* ne proposait qu'une seule édition hebdomadaire ; désormais, en raison de son succès, il en propose cinq ! Conséquence : les producteurs du programme ont, en permanence, à travers le pays, 200 reportages en cours de réalisation et ils comptent en diffuser, pour la seule saison 1998-1999, pas moins de 700 ! Ce qui les conduit à surtraiter les faits divers et à faire de sérieuses concessions au sensationnalisme, au racolage et au journalisme de caniveau. « Nous recherchons nos infos – admet Neil Shapiro, un des principaux producteurs de *Dateline NBC* – dans les marges des journaux, parmi les brèves. Nous essayons de faire des reportages sur les nouvelles dont les gens parlent dans la rue [1]. »

1. *El País*, 15 juin 1998.

Le poids de l'économie

Par ailleurs, les journalistes s'inquiètent des influences et des pressions exercées sur le contenu de l'information, en particulier par la publicité et les annonceurs : « Cherchant de nouveaux moyens d'accroître leur lectorat et leurs revenus – écrit David Shaw, journaliste au *Los Angeles Times* –, et sous la pression constante des gestionnaires soucieux de leurs bénéfices, les journaux abaissent ou suppriment le “mur” (*the wall*), mot désignant la séparation traditionnelle entre rédaction et publicité [1]. »

Mais il y a également les intimidations effectuées par les grands groupes médiatiques et par les actionnaires-propriétaires des médias. « Au cours des dix ou vingt dernières années, s'inquiète Ryszard Kapuscinski, on a assisté à de grandes batailles pour le contrôle des médias, mettant en jeu des multinationales ayant compris que l'information n'était pas seulement un instrument de propagande, mais pouvait rapporter de l'argent. On s'achemine vers une situation où un seul groupe économique contrôlera l'ensemble de l'information et décidera de ce que les 6 milliards d'individus de notre planète devront voir, et de quelle manière. Bien sûr, ce n'est pas vraiment possible, car cela violerait les lois antitrust, mais c'est la tendance qui se dessine. Paradoxalement, il

1. *Marianne*, 6 juillet 1998.

s'agit donc de la même tendance que l'on trouve dans les pays communistes, où un Comité central sélectionne l'information par la censure [1]. »

Le poids de toutes ces contraintes et de ces menaces explique que, s'il y a de nombreux cas de résistance où des journalistes essaient de défendre leur conception de l'éthique, il y a aussi beaucoup de cas d'abandon, voire de connivence assumée [2].

La fin d'un monopole

Une des grandes maladies de l'information est la confusion qui existe entre l'univers des relations publiques et celui de l'information. Les journalistes ont progressivement perdu, à partir de la fin des années 60, le monopole qu'ils détenaient dans les sociétés démocratiques, depuis la fin du XVIIIe siècle, de diffuser librement des informations.

Nous vivons maintenant dans un univers communicationnel – certains appellent cela « la société de l'information » – où tout le monde communique. Les acteurs économiques (entreprises, patronat), politiques (gouvernement, partis, collectivités), sociaux (syndicats, associations, organisations non gouvernementales) ou culturels (théâtres, opéras, centres culturels, maisons de la culture,

---

1. Ryszard Kapuscinski, *Lapidarium*, *op. cit.*
2. *Cf.* Serge Halimi, « Un journalisme de révérence », *Le Monde diplomatique*, février 1995.

éditeurs, libraires) produisent de l'information, ont leur propre journal, leur propre bulletin, leurs propres responsables de la communication [1]. La communication, dans ce sens-là, est « un discours émis par une institution et qui flatte celle-ci ». Que devient, dans ce contexte, la spécificité du journaliste ?

Cette communication-là finit par troubler, parasiter, brouiller le travail du journaliste ; elle lui ôte sa particularité, sa singularité, son originalité. De surcroît, ces institutions fournissent des informations aux journalistes et leur demandent de s'en faire l'écho. Il ne s'agit bien sûr pas d'un ordre, mais d'une suggestion qui peut être formulée de manière extrêmement séduisante et convaincante. Cela s'appelle, parfois, corruption...

Les nouvelles technologies favorisent, elles aussi, la disparition de la spécificité du journalisme. Au fur et à mesure que les technologies de la communication se développent, le nombre de groupes ou d'individus qui communiquent est plus grand. Ainsi, Internet permet à tout un chacun non seulement d'être effectivement, à sa manière, journaliste, mais même de se retrouver à la tête d'un média de portée planétaire. Matt Drudge, l'homme qui lança l'affaire Clinton-Lewinsky, l'a bien montré, lui qui n'a aucun scrupule à déclarer : « Je suis un homme du multimédia. Il n'y a rien de plus emmerdant que d'être obligé de consulter les avocats avant de sortir une affaire. Je préfère tout faire moi-même. L'Internet est si

1. *Cf.* Robert Tixier-Guichard et Daniel Chaize, *Les Dircoms. À quoi sert la communication ?*, Paris, Le Seuil, 1993.

romantique... Pouvoir dire ce qu'on veut, appuyer sur une touche, et ça y est. Ce serait stupide de renoncer à ça [1]. »

Alors, si chaque citoyen devient journaliste, que reste-t-il en propre aux journalistes professionnels ? Cette interrogation, ce doute, sont au cœur de la crise actuelle des médias.

S'informer, une activité

Les journalistes ne constituent pas un corps homogène. Ils sont divisés par des écarts de classe, des clivages idéologiques, des débats déontologiques. Certes, il y a bien, collectivement, une prise de conscience : ils savent les problèmes nouveaux qui se posent à eux, et ils en discutent en permanence. Pour autant, sont-ils seuls responsables ? L'émetteur a, indéniablement, une forte responsabilité, mais le citoyen également. S'informer, cela suppose de changer de média ; d'écarter telle autre source si elle est peu fiable, etc. Les citoyens ont donc, eux aussi, une obligation : celle d'être actifs, et non passifs, dans la recherche d'informations. On ne peut pas, par exemple, s'informer exclusivement grâce au journal télévisé qui, par sa structure fictionnelle, demeure avant tout conçu pour distraire et divertir.

1. *Le Monde*, 16 août 1998.

Informer sur l'information

S'informer, ce n'est pas seulement s'intéresser à certains domaines importants – l'économie, la politique, la culture, l'écologie, etc. –, c'est aussi s'intéresser à l'information elle-même, à la communication. Et pour cela, il est nécessaire que les médias analysent le fonctionnement des médias. Qu'ils informent sur l'information. Les médias ne doivent plus faire semblant de croire qu'ils sont l'œil qui regarde, mais qui ne peut pas se voir. Cette métaphore n'est plus valable, parce que les médias n'ont plus cette position privilégiée de périscope ou de panoptique. Aujourd'hui, tout le monde les voit, les observe, les analyse, et de nombreux dossiers montrent, assez clairement, qu'ils ne sont pas parfaits [1].

C'est pourquoi on a vu se répandre la fonction d'*ombudsman*, de médiateur, d'interface entre les lecteurs ou téléspectateurs et les rédactions. Apparus en Suède et dans les pays nordiques, des médiateurs ont ensuite été nommés dans des journaux prestigieux, comme le *Washington Post* aux États-Unis et ailleurs (en Espagne, *El País* l'appelle « le défenseur du lecteur »). En France, par exemple, *Le Monde* a été, dès 1995, le premier quotidien national (et le seul jusqu'à présent) à créer cette fonction et à donner un rendez-vous régulier à ses lecteurs, le

1. *Cf.*, par exemple, l'ouvrage collectif *Les journalistes sont-ils crédibles ?*, Paris, Reporters sans Frontières, 1991.

samedi, avec le médiateur qui y rend publiques, parfois avec une franchise décapante, les critiques formulées par les lecteurs sur tel ou tel aspect de la couverture de l'actualité [1].

Confrontés à leur tour à une perte de crédibilité, les journaux télévisés français en sont venus à mettre en place, eux aussi, des médiateurs. France 2 a ainsi lancé, en septembre 1998, l'émission *L'Hebdo du médiateur*, et, depuis le 15 novembre 1998, France 3 propose *On se dit tout*, un magazine qui donne la parole aux téléspectateurs mécontents. Radio France International (RFI) a également un médiateur (fonction exercée actuellement par Noël Copin).

Voilà, en partie, ce que les citoyens attendent aujourd'hui des médias : qu'ils se soumettent à la critique et qu'ils fassent en permanence leur autocritique. Qu'ils soient aussi exigeants à leur égard qu'à l'égard de n'importe quelle autre profession ou de n'importe quel autre secteur de la vie nationale.

Les médias doivent développer des analyses sur leur propre fonctionnement, ne serait-ce que pour que nous apprenions tous comment cela marche, et pour rappeler qu'ils ne sont pas à l'abri de l'inspection, de l'introspection et de la critique. C'est une des conditions majeures de la confiance que leur accorderont les citoyens.

À leur niveau, les journalistes peuvent-ils faire quelque

---

1. Créée par Jean-Marie Colombani, la fonction de médiateur a été exercée, jusqu'à présent, par André Laurens, Thomas Ferenczi et Robert Solé.

chose pour améliorer l'image des médias ? « Parmi les choses qui dépendent d'eux, estime Pierre Bourdieu, il y a le maniement des mots. C'est à travers les mots que les journalistes produisent des effets et qu'ils exercent une violence symbolique. C'est donc en contrôlant leur usage des mots qu'ils peuvent limiter les effets de violence symbolique qu'ils peuvent exercer *nolens volens.* La violence symbolique est une violence qui s'accomplit dans et par la méconnaissance, qui s'exerce d'autant mieux que celui qui l'exerce ne sait pas qu'il l'exerce, et que celui qui la subit ne sait pas qu'il la subit. (...) Les journalistes, et c'est là leur responsabilité, participent à la circulation des inconscients [1]. »

Fusion de trois sphères

Nous vivons actuellement deux révolutions simultanées et étroitement connectées : l'une d'ordre technologique – nous l'avons déjà mentionnée –, et l'autre d'ordre économique, qui pourrait bien être la seconde révolution capitaliste. Celle-ci se caractérise par la mondialisation de l'économie et par la domination de la sphère financière sur l'économie réelle ; mais elle s'appuie aussi et surtout sur les autoroutes de l'information et les changements survenus dans le champ de la communication. Si l'on ajoute à cela que ses finalités

1. Pierre Bourdieu, « Question de mots », *in Les Mensonges de la guerre du Golfe,* Paris, Arléa-Reporters sans frontières, 1992.

sont une productivité et une rentabilité accrues dans tous les domaines, on comprend que cette révolution ne peut manquer d'affecter le journalisme et ses spécificités.

Nous avions jusqu'à présent trois sphères : celle de la culture, celle de l'information et celle de la communication (relations publiques, publicité, communiqués, marketing politique, médias d'entreprise, etc.).

Elles étaient autonomes, et chacune avait son propre système de développement. Or, en raison des révolutions économique et technologique, la sphère de la communication a tendance à absorber l'information et la culture, donnant ainsi naissance à une seule et même sphère globale et universelle : la *world culture*, d'inspiration américaine, une sorte de *communiculture* de masse planétaire. L'information ne résistant pas plus que la culture à cette massification...

Ces trois sphères qui fusionnent sont, économiquement et technologiquement, dominées par des firmes américaines, appartenant au secteur des industries culturelles, qui elles-mêmes se trouvent actuellement en phase de fusion et de concentration (lire p. 169 le chapitre « Nouveaux empires »). Elles bénéficient en outre du soutien actif du gouvernement américain, lequel, au sein de l'Organisation mondiale du commerce (OMC), fait avancer l'idée que tous les flux de communications doivent être soumis aux lois du commerce international, sans exception.

L'information est bel et bien devenue, avant tout, une marchandise. Elle n'a pas de valeur spécifique liée, par exemple, à la vérité ou à son efficacité civique. En tant que marchandise, elle est en grande partie soumise aux lois du marché, de l'offre et de la demande, avant de l'être à d'autres règles, notamment civiques et éthiques, qui devraient pourtant être les siennes.

L'ensemble de ces bouleversements fonde la nécessité d'une nouvelle réflexion sur l'information. Aujourd'hui, nous l'avons dit, informer, c'est essentiellement « faire assister à un événement », le montrer, ce qui revient à nous faire croire que la meilleure façon de s'informer serait de s'auto-informer.

L'événement, le journaliste et le citoyen

Théoriquement, jusqu'à présent, la relation informationnelle se présentait schématiquement sous une forme triangulaire. Elle était constituée de trois pôles : l'événement, le journaliste, et le citoyen. L'événement était relayé par le journaliste qui le vérifiait, le filtrait, l'analysait, avant de le répercuter sur le citoyen. Maintenant, ce triangle s'est transformé en un axe avec, d'un côté, l'événement et, de l'autre, le citoyen. La fonction du journaliste a disparu. À mi-chemin, il y a, non plus un filtre, un tamis, mais tout simplement une vitre transparente. Au moyen de la caméra, de l'appareil photo ou du reportage écrit, tous les médias (presse, radio, télévision) essaient de mettre le citoyen *directement* en contact avec l'événement.

Et cela ne concerne pas seulement les médias audiovisuels. La presse écrite, de plus en plus, mettant à profit les avancées de la révolution numérique, se met au diapason. Ainsi, par exemple, lors des Jeux olympiques d'hiver de Nagano 1998, le grand quotidien japonais *Asahi Shimbun* (12 millions d'exemplaires, 2 500 journalistes) avait décidé de suivre les épreuves, à l'instar des télévisions, quasiment en temps réel, et d'en informer en direct ses lecteurs. Et sans pour autant augmenter le nombre de journalistes sur place. Comment a-t-il procédé ?

Pour les épreuves importantes, un journaliste s'installait dans sa cabine face au terrain, avec son ordinateur portable, relié par modem à toutes les sources d'informations complémentaires possibles (nom des athlètes, historiques, performances) et notamment au site Web des Jeux, ainsi qu'à sa rédaction. Sur l'écran de son ordinateur, en temps réel, il décrivait l'épreuve et la mettait en page (composant titres, surtitres, intertitres). De temps à autre, il saisissait son appareil photo numérique, prenait des photos, retirait de l'appareil la disquette, introduisait celle-ci dans son ordinateur, recadrait et retouchait au besoin les photos, les mettait en page et les légendait. Il terminait de décrire et d'analyser l'épreuve en même temps que celle-ci s'achevait. Puis il appuyait sur une touche, et sa page, entièrement montée, allait directement s'éditer à l'imprimerie du journal qui l'intégrait automatiquement dans l'édition du moment. Idéalement, à l'instant où les spectateurs sortaient du stade, ils devaient pouvoir disposer de l'édition comportant le reportage illustré de l'épreuve à laquelle ils venaient d'assister !

Voir c'est comprendre

Les médias, en sacrifiant à l'idéologie du direct, du *live*, de l'instantané, réduisent le temps de l'analyse et de la réflexion. Ce sont les sensations qui priment. Le journaliste réagit à chaud, instinctivement. Il abandonne les exigences et les garde-fous de la profession ; et devient un témoin de plus. Il confirme ainsi que l'auto-information est possible. La position du récepteur et celle du journaliste se rejoignent. Toute distance à l'égard du fait disparaît, le citoyen est englobé dans l'événement même. Il est présent, il en fait partie : il voit – comme s'il y était ! – des soldats américains débarquer en Somalie ; il voit les troupes de M. Kabila entrer à Kinshasa ; il voit les victimes d'un attentat ou d'une catastrophe gémir devant lui… Le citoyen-récepteur est là, il assiste directement, il participe à l'événement. Ce système le responsabilise et le culpabilise : s'il y a erreur ou mensonge, il en est responsable, lui – et non le média-émetteur – puisqu'il s'est informé tout seul.

C'est dans ce cadre idéologique que l'équation dont on a parlé, « voir = comprendre », prend tout son sens et toute son ampleur. Pourtant, la rationalité moderne, depuis le XVIIIe siècle, avec les Lumières et la révolution scientifique, s'est précisément développée contre cette idée. Ce ne sont pas les yeux ou les sens qui permettent de comprendre, c'est la raison seule. Alors que les sens trompent, le cerveau, le raisonnement, l'intelligence, eux, sont plus fiables. Le système actuel ne peut donc que conduire à l'irrationalité ou à l'erreur.

L'actualité est un concept fort en matière d'information. Or, l'actualité, c'est désormais ce que dit le média dominant. Le média dominant est la télévision ; elle est incontestablement le média numéro un en matière d'information, et pas seulement de distraction. Or, il est évident que la télévision va imposer comme actualité un type d'événement spécifique à son domaine : un événement riche en matière visuelle. Tout événement d'ordre abstrait constituera rarement une actualité dans un média visuel puisqu'on ne pourra pas jouer sur l'équation « voir, c'est comprendre ».

Qu'est-ce qui est vrai et qu'est-ce qui est faux ? Si la presse, la radio ou la télévision disent que quelque chose est vrai, cela s'impose comme vérité... même si c'est faux. Le récepteur n'a pas d'autres critères d'appréciation, puisqu'il n'a pas d'expérience concrète de l'événement, il ne peut se repérer qu'en confrontant les médias les uns aux autres. Et si tous disent la même chose, il est obligé d'admettre que c'est la version correcte des faits, la nouvelle « vérité officielle ».

Trucages et « bidonnages »

Un autre reproche est celui de la spectacularisation, la recherche du sensationnel à tout prix qui peut conduire à des aberrations et à des « bidonnages ». « Bidonner, écrit la journaliste Annick Cojean, prix Albert Londres, en langage journalistique, c'est tricher ; truquer une enquête pour lui donner une force, un aspect spectaculaire ou une conclusion qu'elle n'aurait peut-être pas ; fausser un reportage en travestissant certains éléments ; présenter comme la réalité une situation issue de l'imagination du journaliste, de ses supputations ou d'observations non vérifiées [1]. » Dans les communications de masse, les « bidonnages » et les mensonges ont toujours existé [2], mais leur nombre s'intensifie. Nul n'a oublié les passionnants récits de la guerre du Cambodge, entre Vietnamiens et Khmers rouges, publiés en 1981 par le *New York Times*, racontés de la manière la plus palpitante et la plus excitante par un reporter de terrain, le jeune Christopher Jones, 24 ans, et qui se révélèrent totalement faux. Sans s'être rendu sur place, le brillant journaliste les avait écrits en puisant dans sa seule imagination, confortablement installé au bord de sa piscine

---

1. Annick Cojean, « Choc des images, poids des trucages », *Le Monde*, 25 juillet 1990.

2. Dans ses *Lettres à Madeleine, 1914-1918* (Paris, Stock, 1998), rédigées dans les tranchées, Henri Fauconnier, prix Goncourt 1930, écrivait déjà : « 8 août. Je crois que les journaux ont tué mon idéal. Ils ne sont pleins que de mensonges, de louanges hypocrites pour nous, d'articles navrants de bêtise et de mauvais goût. Et ils parlent au nom de la France... (Ils finiraient par vous la faire haïr, la France !) Et si parfois une lueur de vérité ou de bon sens apparaît chez eux, vite la censure l'efface. Les grands quotidiens nous ont dégoûté de la guerre, qui est déjà assez dégoûtante par elle-même. »

de Marbella (Espagne). « J'avais fait un pari », déclara-t-il en guise d'explication.

En 1982, une journaliste du *Washington Post*, Janet Cooke, s'était vu attribuer le prix Pulitzer pour un extraordinaire reportage sur le petit Jimmy, un héroïnomane de 8 ans... qui n'avait jamais existé.

Durant la guerre du Golfe, le faux reportage le plus célèbre fut celui dans lequel une jeune infirmière koweïtienne, en larmes, racontait avec force détails comment les soldats irakiens, tels des barbares, avaient fait irruption dans la maternité de l'hôpital de Koweït-Ville pour s'emparer des couveuses, après en avoir arraché les nourrissons qui étaient morts sur le sol... Tout était faux : l'« infirmière » était la fille de l'ambassadeur du Koweït à Washington, étudiante aux États-Unis ; et l'affaire des couveuses avait été imaginée de toutes pièces par Mike Deaver, un ancien conseiller en communication du président Reagan, et la firme américaine de relations publiques Hill and Knowlton, appointés par l'émirat.

William Randolph Hearst, le magnat de la presse américaine qui servit de modèle au *Citizen Kane* d'Orson Welles, avait coutume de dire à ses journalistes : « N'acceptez jamais que la vérité vous prive d'une bonne histoire [1]. » Dans de nombreuses rédactions – même les plus « sérieuses » –, cette consigne semble revenir à la mode. Ainsi, le 7 juin 1998, CNN n'hésita pas à présen-

1. *Cf.* Manuel Leguineche, *Yo pondré la guerra. Cuba 1898 : la primera guerra que se inventó la prensa*, Madrid, El País-Aguilar, 1998.

ter, de manière spectaculaire, un reportage réalisé par son journaliste le plus célèbre, Peter Arnett, dans lequel on affirmait qu'au cours d'une opération contre des déserteurs américains au Laos, au début des années 70, l'armée des États-Unis avait utilisé du sarin, un gaz mortel. Une semaine plus tard, l'hebdomadaire *Time* (appartenant au même groupe médiatique, Time-Warner) reprenait et développait l'information. Celle-ci devait pourtant se révéler fausse. Un rapport démontra qu'Arnett et son équipe avaient gonflé toute l'affaire à partir des déclarations ambiguës de deux vétérans partiellement amnésiques. Comme si, dès le départ, les journalistes avaient décidé quelle version avait leur préférence, à cause de son aspect sensationnel. Ce comportement témoigne de la tendance actuelle à « scénariser » la réalité, à « mettre en scène » l'information, et à la contraindre à se plier au scénario que les journalistes ont en tête. « Ce qui est important pour ce nouveau journalisme – dénonce Juan Luis Cebrián, ancien directeur d'*El País* –, c'est que le scénario fonctionne, et non pas qu'il se plie à la vérité [1]. »

L'affaire CNN-*Time* a soulevé d'autant plus de protestations qu'elle survenait dans un contexte où les médias étaient particulièrement critiqués, chahutés en raison de leurs excès et de leurs délires dans l'affaire Clinton-Lewinsky, mais aussi parce qu'elle se produisait juste après la découverte de dizaines de faux reportages publiés par des titres prestigieux (*The New Republic*, *Rolling*

1. *El País*, 20 février 1998.

Stone, *George*, *Harper's*, *The New York Times*...) et écrits par un brillant journaliste de 25 ans, Stephen Glass, que les meilleurs professionnels tenaient pour un génie. Stephen Glass réussissait à entrer là où aucun autre reporter n'était parvenu, il s'entretenait avec des personnalités inaccessibles, obtenait des précisions, des anecdotes, des détails tellement inédits, tellement passionnants, que la plupart de ses articles, écrits dans un style enlevé, splendide, allaient directement en « une ». Dans l'un de ses derniers, publié en mai 1998 par l'hebdomadaire *The New Republic*, Glass racontait l'histoire étonnante d'un *hacker* (pirate informatique) surdoué, Ian Restil, âgé de 15 ans qui, après avoir réussi à pénétrer, via Internet, dans le système informatique de la firme Jukt Electronics, avait été recruté à prix d'or par cette même entreprise de *software* californienne pour veiller à la sécurité de son réseau d'ordinateurs. Tout était faux ; ni Ian Restil, ni Jukt Electronics, n'ont jamais existé.

Un de ses reportages décrivait en détail un séminaire politique de jeunes conservateurs, défenseurs des « valeurs familiales », qui peu à peu se transformait en bacchanale et en orgie de bière, de marihuana et de sexe. Dans un autre article, il racontait avec humour sa visite à un Salon de vendeurs de gadgets à Rockville (Maryland) où l'on pouvait acheter une poupée gonflable à l'effigie de Mlle Monica Lewinsky qui récitait des poèmes du *Leaves of Grass* de Walt Whitman, le livre que lui aurait offert le président Clinton. Mensonges également, inventions pures. Stephen Glass rêvait d'atteindre la célébrité le plus vite possible, en évitant le parcours pénible de la plupart des jeunes journalistes qui commencent par couvrir les faits divers, puis les éreintantes campagnes électorales, et quelques périlleux conflits à l'étranger avant d'être reconnus. « Le problème – affirme Rich Blow, du magazine *George* –, c'est que beaucoup de jeunes journalistes veulent gagner très vite autant d'argent que les avocats et les autres personnes célèbres sur lesquelles ils écrivent [1]. »

Cette course à l'argent, ainsi que la chasse au scoop et la priorité au reportage, ont provoqué d'autres dérapages. Ceux de Patricia Smith, par exemple, du *Boston Globe*, qui n'hésitait pas à inventer également des témoignages et des déclarations pour mieux enrichir et corser ses articles. Elle fut licenciée en mai 1998, et son collègue Mike Barnicle, éditorialiste depuis vingt-cinq ans au même journal, le fut aussi deux mois plus tard, accusé d'avoir totalement inventé l'histoire poignante de deux familles, l'une blanche et riche, l'autre noire et pauvre, qui s'étaient liées d'amitié à cause d'un malheur commun : leurs fils étaient tous deux atteints d'un cancer...

Mensonges et show-business

Les impératifs actuels de rentabilité et la pression de la concurrence entre groupes médiatiques, qui rendent le recours au sensationnalisme plus fréquent, ne sont pas

---

1. *El País*, 29 mai 1998.

l'apanage des seuls médias américains. L'Europe aussi, ces derniers temps, a connu un cauchemar journalistique. En Allemagne, par exemple, un journaliste de télévision, Michael Born, a été reconnu coupable d'avoir falsifié, totalement ou partiellement, une vingtaine de reportages... Grâce à ses talents, en juin 1994, dès le lendemain d'un attentat commis à Fethie (un centre touristique de Turquie), une chaîne allemande avait pu présenter un formidable reportage. On y voyait un combattant kurde masqué, armé jusqu'aux dents, accompagné de deux autres maquisards, qui faisait signe à l'équipe de tournage de les suivre dans de dangereux sentiers de montagne, contrôlés par la guérilla, jusqu'à une grotte dans laquelle on découvrait quatre autres militants kurdes affairés à confectionner la bombe ayant servi à commettre l'attentat de Fethie...

Tout était faux. Les combattants kurdes étaient interprétés par des Albanais déguisés, la longue marche n'avait duré que quelques minutes, la grotte se trouvait dans la résidence d'été d'un ami suisse, et le lieu de tournage n'était pas la Turquie mais la Grèce [1].

Ce journaliste faussaire, sachant que les télévisions réclament des images de plus en plus sensationnelles, avait filmé, à l'aide de comédiens et de complices, d'autres sujets « documentaires » tout aussi spectaculaires : sur une prétendue section allemande du Ku Klux Klan liée aux néonazis, sur des auteurs de lettres piégées, sur des trafiquants de cocaïne, sur un Australien chasseur de

1. *La Repubblica*, 10 février 1998.

chats, sur le travail des enfants exploités dans le tiers-monde, sur des passeurs d'immigrés clandestins arabes... Achetés par des chaînes peu scrupuleuses, en particulier par Stern TV (filiale télévision de l'hebdomadaire *Stern* qui publia naguère les faux journaux intimes d'Adolf Hitler...), ces reportages inventés, incitant souvent à la haine, ont été vus par plus de 4 millions de téléspectateurs et ont rapporté d'importantes recettes de publicité [1].

Michael Born a raconté, avec drôlerie, dans un livre [2] l'histoire de ses *fakes* : « Les images ont toujours menti, affirme-t-il, et elles mentiront toujours [3]. » Il accuse les rédactions et tout le système d'information télévisée de pousser les journalistes au mensonge et à l'exagération en raison de la concurrence, de l'urgence et de la course à l'audience. Il a été condamné à quatre ans de prison.

Une telle condamnation, pour l'exemple, a-t-elle freiné la course aux mensonges ? Nullement. Le 18 décembre 1998, la Commission indépendante pour la télévision (ITC) du Royaume-Uni a condamné, à son tour, à une amende de 2 millions de livres (environ 19 millions de francs ou 3 millions d'euros), la firme Carlton TV pour les mensonges contenus dans le documentaire *The Connection*, produit par Marc de Beaufort et Roger James. Ce faux documentaire avait pourtant été diffusé dans quatorze pays dont les États-Unis, où il fut

1. *El País*, 24 décembre 1996.
2. Michael Born, *Wer einmal falscht...*, ed. KiWi, 1998.
3. *La Repubblica,* 10 février 1998.

présenté dans le cadre de la prestigieuse émission *60 Minutes* de CBS ; il avait reçu de nombreuses récompenses dont « le prix du meilleur reportage tourné dans des conditions de risque » décerné par la chaîne espagnole TV3.

Le film raconte comment le Cartel de Cali (Colombie) a ouvert une nouvelle route pour passer de la cocaïne en Europe. La caméra, dissimulée, suit un passeur colombien depuis le moment où il avale des pochettes contenant la drogue, qu'il portera dans son estomac, jusqu'à son arrivée en Europe et la remise de la cocaïne. C'est le quotidien *The Guardian* qui, le premier, soupçonna ce document d'être un faux. Son enquête révéla que le « passeur » n'était qu'un acteur occasionnel ; le « chef du Cartel de Cali », un employé de banque à la retraite ; le « repaire secret » où les trafiquants se rencontrent, une chambre d'hôtel louée par les producteurs ; enfin, la « cocaïne » n'était que du sucre pilé [1]...

En France aussi, les trucages abondent. Et des protestations s'élèvent contre la scénarisation des reportages télévisés, destinés à attirer le grand public avec les ingrédients de la fiction, qui favorise les dérapages. « La multiplication des magazines a créé le *show-business* de l'information – constate Paul Nahon, producteur du magazine *Envoyé spécial* sur France 2 –, et tout sujet propre à récolter de l'audience semble désormais le bien-

---

1. L'émission de Karl Zéro *Le vrai journal*, sur Canal Plus, a présenté, le dimanche 10 janvier 1998, des extraits de *The Connection*, ainsi que le démontage de ses principales supercheries.

venu, sans qu'on se demande si le thème mérite vraiment cinquante-deux minutes : le sexe, la prostitution, les skins, les eunuques. Les magazines deviennent des clips, les journalistes transforment l'information en spectacle ou la scénarisent comme une fiction [1]... »

L'exemple le plus récent de bidonnage documentaire est celui diffusé par TF1 le 5 décembre 1998, dans le cadre du magazine *Reportages*, intitulé « Sur la piste de l'ecstasy », réalisé par Philippe Buffon. « On y voyait, raconte *Le Canard enchaîné*, une vaillante équipe de gendarmes filer des trafiquants, les arrêter, mener un interrogatoire et retrouver un bon paquet d'ecstasy et un peu d'héroïne [2]. » En fait, les scènes les plus percutantes étaient « reconstituées » ; le rôle des trafiquants était tenu par des gendarmes déguisés. Tout avait été mis en scène dans les locaux de la gendarmerie ! Mais le faux reportage le plus célèbre fut celui proposé par Jean Bertolino, dans le magazine *52 à la Une*, où Denis Vincenti faisait tourner des figurants dans une carrière de Meudon, prétendant ainsi présenter des noctambules qui hantaient les catacombes de Paris [3]. Celui qui déclencha les plus fortes polémiques fut, en janvier 1992, le reportage présenté dans le cadre du Journal de 20 heures de TF1, où Régis Faucon et Patrick Poivre d'Arvor faisaient

1. *Le Monde*, 25 juillet 1990.

2. « Des gendarmes déguisés en trafiquants de drogue », *Le Canard enchaîné*, 27 janvier 1999.

3. Arnaud Mercier, *Le Journal Télévisé. Politique de l'information et information politique*, Paris, Presses de Sciences Po, 1997, p. 13.

semblant d'interviewer M. Fidel Castro, en remontant des extraits d'une conférence de presse dans laquelle le leader cubain répondait à d'autres questions et à d'autres confrères [1]. En novembre 1994, éclatait l'affaire de l'émission *La marche du siècle*, de Jean-Marie Cavada, sur France 3 : l'image de trois paisibles jeunes gens d'origine maghrébine avait été, à leur insu, retouchée ; par les vertus de l'informatique, les trois se voyaient affublés de barbes et de moustaches ajoutées, et transformés en dangereux intégristes [2]...

Photos truquées

Car, à toutes les impostures et supercheries que nous avons évoquées, s'ajoutent désormais les photos truquées. Sans ignorer les manipulations possibles, nous tenions la photo pour une preuve crédible, pour un reflet indiscutable du réel. Tout cela change avec les techniques numériques. Avec elles, tout devient possible, facile et peu cher ; toutes les modifications de photos existantes, tous les trucages, toutes les simulations à l'aide d'images synthétiques et virtuelles : « Les techniques numériques, écrit Philippe Quéau, sont capables de tout modifier sans que nous puissions nous en défendre. (...) L'image n'est

---

1. C'est le cinéaste Pierre Carles qui démasqua la supercherie dans un documentaire exemplaire de contre-information.

2. *Cf.* Edgar Roskis, « Images truquées », *Le Monde diplomatique*, janvier 1995.

plus limitée au rôle de copie, ou de mémoire d'une réalité disparue ; elle acquiert une réalité, une vie propre, de manière interactive [1]... »

On a vu ainsi se multiplier les images manipulées à l'aide de la palette graphique, *Paintbox*. Ainsi, le 12 février 1996, le journal de France 2, pour évoquer le procès d'un inspecteur de police accusé du meurtre d'un jeune Zaïrois, Makomé M'Bowole, diffuse une photo du jeune homme identique à celle que présente le journal de France 3, mais à une exception près. Dans l'image de France 3, le jeune Makomé tient une bouteille de champagne à la main qui, escamotée à l'aide de la *Paintbox,* a miraculeusement disparu dans le portrait diffusé par France 2 ! C'était certes pour la bonne cause : « Le pauvre, il s'est fait descendre – expliquera le journaliste de France 2, Christophe Tortora – et on allait donner de lui l'image d'un fêtard [2]. »

Mais, la manipulation peut aussi être faite dans un sens malveillant, comme le fit l'hebdomadaire *Time,* aux États-Unis, en noircissant le visage d'O. J. Simpson présenté en couverture. En décembre 1997, le magazine *Newsweek* n'hésita pas, de son côté, à retoucher la photo en « une » de Bobbi et Kenny Maccaughey, un couple de l'Iowa qui venait d'avoir des septuplés ; comme la femme avait des dents noircies, irrégulières et écartées,

---

1. Philippe Quéau, « Alerte : leurres virtuels », *Le Monde diplomatique,* février 1994.

2. *Libération,* 20 février 1996 ; *cf.* aussi *Le Monde,* 18 février 1996.

la rédaction estima qu'il était « éthique » de la présenter sur la photo avec des dents blanches et parfaites...

En Suisse, la télévision alémanique présenta, le 17 novembre 1997, après l'attentat de Louxor (Égypte) contre des touristes, en majorité suisses, une image du temple où eut lieu la tragédie avec une spectaculaire coulée de sang sur les escaliers. Il s'agissait, en réalité, d'une rigole d'eau, colorée à la *Paintbox* en rouge pour dramatiser le plan et faire plus réaliste... En avril 1998, *Paris Match* mit en couverture une photo truquée de Caroline de Monaco et de Ernst de Hanovre qui apparaissaient seuls et proches, formant un couple intime, se touchant presque. Daniel Schneidermann, dans son émission *Arrêt sur images*, révéla l'affaire : la photo originale, de l'agence Sipa, présentait un groupe de personnes et montrait, entre Caroline et Ernst, une de leurs amis (Albina de Boisrouvray) que *Paris Match* avait tout simplement fait disparaître, effaçant également tous les autres invités entourant le couple... L'hebdomadaire s'est excusé pour ce « péché véniel », qu'il a justifié par la nécessité de répondre « à une certaine esthétique, à certains critères d'équilibre et de beauté plastique ».

Le développement des techniques numériques favorise la multiplication de ce genre de manipulations de plus en plus difficilement perceptibles par des non-initiés. « Plus on sera immergé dans le monde des images, avertit Philippe Quéau, plus il faudra apprendre à garder ses distances vis-à-vis de leurs apparences, de leurs faux – et de leurs vrais-semblants, plus il faudra éviter de se laisser tromper par la pseudo-évidence des sens. Le territoire de nos sens s'étend, celui des droits de l'homme aussi ; et la vigilance à cet égard sera plus que jamais nécessaire [1]. »

Temps médiatique et temps politique

L'une des raisons qui poussent les médias à commettre tant d'erreurs et à se laisser séduire par le mensonge, réside dans la contradiction permanente qu'entretiennent le temps médiatique et le temps politique. Autant ce dernier, comme l'ont voulu les fondateurs de la démocratie, doit être lent pour permettre aux passions de s'apaiser et à la raison de s'imposer, autant le temps médiatique a atteint la limite extrême de la vitesse : l'instantanéité. Le choc de ces deux temporalités favorise des dérapages qui peuvent se révéler fort dangereux lorsqu'ils impliquent des considérations politiques, xénophobes et racistes.

En voici quelques exemples. En avril 1995, un attentat à Oklahoma City fait cent soixante-huit morts et laisse l'Amérique en état de choc. Alors que les autorités entament à peine l'enquête, les médias, désireux de satisfaire l'opinion publique, exigent des coupables et obtiennent que des responsables de l'administration, quarante-huit heures plus tard, désignent du doigt le « terrorisme proche-oriental » et que des « suspects » d'origine arabe soient rapidement arrêtés. Pourtant, les

1. Philippe Quéau, « Alerte : leurres virtuels », *Le Monde diplomatique*, février 1994.

véritables auteurs de l'attentat, découverts quelques jours après, sont des Américains blancs, liés à l'extrême-droite, en rébellion contre l'État fédéral...

Le 17 juillet 1996, une explosion détruit en vol un avion de la TWA assurant la liaison New York-Paris et cause deux cent trente morts. À la veille de l'ouverture des Jeux olympiques d'Atlanta, cet événement donne lieu à un gigantesque déferlement médiatique. Très vite, sans que rien ne le prouve, et malgré la prudence des autorités, la thèse de l'attentat s'impose. Et là encore, dès le lendemain, la chaîne ABC n'hésite pas à parler d'un possible auteur : le Mouvement pour la réforme islamique. De son côté, le magazine *Time* pose cette question : « Qui aurait pu placer la bombe dans l'avion ? » Et répond : le groupe Ramzi Youssef ; le Hezbollah libanais ; un groupe islamique égyptien ; le Hamas palestinien ; le groupe saoudien Mouvement pour la réforme islamique ; un groupe de narcotrafiquants colombiens ; et, en dernier lieu seulement, un groupe extrémiste américain... D'autres médias, reprenant une rumeur lancée sur Internet et à laquelle le journaliste Pierre Salinger donnera grand crédit, parient sur une erreur de tir de missile de la marine américaine... L'enquête technique conclura, un an plus tard, au simple accident mécanique.

Le 27 juillet 1996, à Atlanta, une bombe artisanale explose au cours d'un rassemblement et endeuille les Jeux olympiques, faisant deux morts et cent dix-huit blessés. Un « suspect » est très vite désigné par le FBI, et, surtout, par les médias déchaînés. Il s'agit de Richard Jewell, précisément l'agent de sécurité qui avait signalé la présence du sac à dos suspect et qui avait aidé à éloigner les personnes aux alentours avant l'explosion. Convaincus de sa culpabilité, les médias le traquent, diffusent des témoignages sur lui, retracent sa biographie, dressent le portrait d'un tueur, le livrent à la vindicte populaire. Un véritable lynchage médiatique [1]... Quatre mois plus tard, l'enquête officielle conduite par les autorités fédérales lavera pourtant Richard Jewell de tout soupçon.

En Bosnie, le 5 février 1994, sous le regard des caméras, un obus frappe le marché de Sarajevo et tue soixante-huit personnes. Les médias occidentaux, sans attendre le résultat de l'enquête, en accusent immédiatement les Serbes. Dès le 9 février, harcelée par la surmédiatisation qui enflamme les opinions publiques, l'OTAN adresse un ultimatum et déclenche des bombardements contre les positions serbes. Aucune enquête n'a jamais tranché, mais de nombreux indices semblent indiquer qu'il s'agissait plutôt d'une « erreur de tir » des Musulmans.

Au Kosovo, début octobre 1998, des charniers sont découverts. Une fois encore, ils sont aussitôt présentés par de nombreux médias occidentaux comme les preuves de massacres d'Albanais commis par les Serbes. Et les pressions militaires sur Belgrade de s'accentuer. L'enquête de médecine légale conclura toutefois qu'il s'agit

---

1. *Cf.* Jean-François Kahn (entretien), « Chasse aux sorcières et lynchage médiatique », et Jean-Claude Guillebaud (entretien), « La médiatisation peut tuer un innocent », *in* « Le Lynchage médiatique », Paris, *Panoramiques*, n° 35, 4e trimestre 1998.

de cadavres remontant probablement à la seconde guerre mondiale… On touche ici, comme à Timişoara, à la désinformation : « Désinformer, explique Philippe Breton, c'est couvrir un mensonge avec les habits de la vérité. En démocratie, où les entreprises manipulatoires sont légion, la désinformation est la reine des techniques visant à tromper l'opinion [1]. »

Le journaliste instantanéiste

Ce qui fait désormais la valeur marchande d'une information, c'est la quantité de personnes susceptibles d'être intéressées par cette information. Or, ce nombre n'a rien à voir avec la vérité. Un journaliste peut dire un important mensonge qui intéressera beaucoup de gens et le vendre fort cher.

Si la vérité n'est plus l'élément décisif de la valeur d'une information, quel est-il donc ? Principalement, aujourd'hui, il s'agit de la rapidité avec laquelle cette information est diffusée. Or, la « bonne » rapidité, désormais, est l'instantanéité, qui, bien sûr, pour la qualité de l'information, est un critère dangereux.

Pourtant, étymologiquement, le terme « journaliste » signifie bien « analyste d'un jour ». Il est donc supposé analyser ce qui s'est passé le jour même, bien qu'il faille déjà être très rapide pour y parvenir ! Mais aujourd'hui,

1. Philippe Breton, « Publions, on verra après », *Libération*, 30 janvier 1998.

avec le direct et la diffusion en temps réel, c'est l'instant qu'il faut analyser. L'instantanéité est devenue le rythme normal de l'information. Un journaliste devrait donc s'appeler un « instantanéiste », ou un « immédiatiste ».

Ou, du moins, il pourra être appelé ainsi le jour où l'on saura analyser l'instant, ce qui n'est pas encore le cas, puisque, avec le moment immédiat de l'événement, aucune distance – celle précisément indispensable à l'analyse – n'est possible. Pour l'heure, le journaliste a finalement de plus en plus tendance à devenir un simple lien. Il est le fil qui permet de connecter l'événement et sa diffusion. Il n'a pas le temps de filtrer, de vérifier, de comparer car, s'il perd trop de temps à le faire, des collègues traiteront le sujet avant lui. Et, bien entendu, sa hiérarchie le lui reprochera.

Le système informationnel, petit à petit, en vient donc à considérer qu'il y a des valeurs importantes (instantanéité, massification) et des valeurs moins importantes, c'est-à-dire moins rentables (les critères de vérité). L'information est devenue une marchandise. Elle a de moins en moins une fonction civique.

Qu'est-ce que la révolution numérique ?

Il existait jusqu'à présent, en matière de communication, trois systèmes de signes : le texte de l'écrit, le son de la parole, et l'image. Chacun de ces éléments était inducteur de tout un système technologique. Ainsi le texte a fondé l'édition, l'imprimerie, le livre, le journal, la linotypie, la typographie, la machine à écrire, etc. ; le son a donné le langage, la radio, le magnétophone, le téléphone et le disque ; l'image, elle, a produit la peinture, la gravure, la bande dessinée, le cinéma, la télévision, la vidéo, etc.

La révolution numérique actuelle a pour principal effet de faire à nouveau converger les différents systèmes de signes vers un système unique : texte, son et image peuvent maintenant s'exprimer en bits ; c'est ce que l'on appelle le multimédia : CD-Rom, jeux vidéo, DVD, Internet... Cela veut dire qu'il n'y a plus de diversité de systèmes technologiques pour transporter un texte, un son ou une image. Un même et unique support permet de véhiculer les trois signaux à la vitesse de la lumière.

Cette innovation modifie profondément la profession journalistique puisqu'il n'y a plus de dissemblances entre le système textuel, le système sonore et le système imagé.

Téléviseur, téléphone et ordinateur

La fusion du téléviseur, du téléphone et de l'ordinateur est le résultat de cette formidable transformation. Et la fusion-concentration de toutes les entreprises de ces trois secteurs. Les firmes électroniques fusionnent avec des firmes du téléphone, ou du câble ou de l'édition pour constituer des mégagroupes médiatiques intégrés.

Si la révolution industrielle s'est produite quand la machine a remplacé le muscle et la force physique, la révolution technologique actuelle est d'autant plus importante que la machine emblématique contemporaine, l'ordinateur, remplace le cerveau, ou du moins des fonctions de plus en plus précises du cerveau. Qui plus est, la révolution numérique permet de connecter *entre elles* ces machines cérébralisées. Toutes les machines du monde peuvent ainsi être relayées, ce qui crée un réseau, un maillage à l'échelle de la planète, à l'intérieur duquel se fait l'échange intensif d'informations.

L'information est pouvoir

Abondance, circulation ultra-rapide de l'information, deux faits nouveaux qui, présentés ainsi, semblent venir coïncider avec le principe de la liberté et de ses fondements : le rationalisme du XVIIIe siècle ne soutenait-il pas qu'à une information zéro correspondait nécessairement une liberté zéro ? Dans nos sociétés démocratiques imprégnées de cet héritage, il y a comme un réflexe à croire qu'une information toujours plus large vient garantir une liberté et un système démocratique toujours plus riches. Mais n'avons-nous pas atteint un palier ? La corrélation entre information et liberté existe-t-elle toujours ?

D'abord, la liberté que sont supposées offrir les nouvelles technologies de l'information ne concerne pas tout le monde. Il y a, par exemple, moins de lignes de téléphone en Afrique noire que dans la seule ville de Tokyo. Une autre illustration est celle du nombre d'ordinateurs personnels dans le monde, qui dépasse à peine les

200 millions pour une population totale de 6 milliards de personnes. La possibilité d'accéder à Internet est donc limitée à 4 % des foyers de la planète. À l'heure actuelle, il existe donc bel et bien un risque qu'une nouvelle forme, grave, d'inégalité entre les êtres humains, demeure, celle d'un monde divisé en info-riches et info-pauvres.

Ensuite, depuis la fin de l'URSS et la chute du mur de Berlin, les grandes barrières qui s'opposaient à l'avance de la liberté à l'échelle internationale ont été brisées (même si les dictatures n'ont pas toutes disparu). Depuis lors, et avec Internet, nous avons accès à presque toutes les informations. Et cette surabondance crée une confusion telle que la liberté des citoyens, au lieu d'augmenter, aurait plutôt tendance à être brimée, subissant la forme moderne et démocratique de la censure que nous avons expliquée.

Face à toutes les transformations technologiques auxquelles nous sommes confrontés, nous devons nous poser la question suivante : de quels problèmes actuels le journalisme est-il la solution ? Si nous parvenons à y répondre, alors le journalisme ne disparaîtra jamais.

Vers la fin du journal télévisé ?

À force de regarder, on oublie qu'on peut être soi-même regardé.

ROLAND BARTHES

Assistons-nous à la mort des journaux télévisés ? Sans doute. Du moins sous la forme de ces grandes messes du soir que nous proposent encore, en Europe, les principales chaînes. Car aux États-Unis, déjà – et l'expérience montre que, dans le champ télévisuel, ce pays anticipe souvent sur les mouvements de fond –, ce genre d'émissions est en crise.

Plusieurs facteurs l'expliquent en partie, et notamment la concurrence des chaînes d'informations en continu, des chaînes numériques spécialisées et d'Internet, ainsi que le coût fort élevé de la production des informations et la baisse considérable de l'audience des principaux réseaux généralistes. Le Pew Research Center, un institut de recherches sur les médias basé à Washington, a en effet révélé que les Américains regardant uniquement le journal télévisé du soir ne représentent plus que 15 % de la population, soit moitié moins qu'en 1993. Les chaînes câblées émettant vingt-quatre heures sur vingt-quatre conviennent mieux aux différents modes de vie contemporains. En outre, Internet voit son audience croître sans cesse ; en 1998, 20 % d'Américains ont consulté un site d'informations sur la Toile, contre 4 % en 1995 [1].

L'audience des journaux du soir se réduisant comme peau de chagrin, la chaîne NBC, par exemple, a marginalisé son journal télévisé de 19 heures, qui ne représente plus qu'un produit parmi d'autres de son activité en matière d'information. La chaîne ABC a abandonné ses projets d'implantation sur le câble pour développer son site Internet. CBS va faire de même.

Au Royaume-Uni où, pour la première fois de son histoire, la BBC est descendue, en 1998, en dessous de la barre de 30 % de taux d'audience (en raison de la concurrence de chaînes privées comme Channel 4, Channel 5, et de l'apparition, en une seule année, de dix-neuf nouvelles chaînes numériques), les chaînes commerciales envisagent de déplacer leur principal journal du soir vers une heure de moins grande écoute et de le

1. On estime qu'en 2006, aux États-Unis, 70 % des foyers seront connectés à Internet. Dès à présent, 21 % des Américains qui y sont connectés, ne s'informent que par le biais d'Internet, délaissant tous les autres médias. Il y a déjà plus de stations de radio sur Internet que sur les ondes traditionnelles.

remplacer par une émission susceptible d'attirer davantage les annonceurs.

En France, même si le journal télévisé reste le mode d'information privilégié des gens, loin devant la radio et la presse écrite, les JT de TF1 et de France 2 montrent également les signes d'un déclin inéluctable. Alors qu'il réunissait 13 millions de téléspectateurs du temps de Roger Gicquel (à la fin des années 70), le Journal de 20 heures de TF1, présenté par Patrick Poivre d'Arvor, plafonne à 8,6 millions, soit 16,3 % d'audience. Quant au journal du soir de France 2, dont la qualité s'est améliorée avec l'arrivée, en août 1998, de Claude Sérillon, il tourne autour de 4,9 millions, soit 9,5 % d'audience. Au cours des deux années 1995 et 1996, TF1 a perdu près d'un million de téléspectateurs, et France 2, environ 700 000 [1]...

L'origine profonde de cette crise est à chercher du côté du système télévisuel lui-même, placé sous le règne de l'information-spectacle, où la mise en scène l'emporte sur la réalité.

Télépoubelle

Naguère, certaines grandes chaînes se proposaient encore de faire découvrir le monde extérieur aux téléspectateurs. L'écran du téléviseur était, métaphoriquement, la fenêtre par laquelle le citoyen pouvait regarder

1. *Téléscope*, 20 septembre 1997.

le monde et sa diversité. Deux sortes d'émissions étaient alors reines : les films de cinéma et les journaux télévisés.

La nouvelle télévision impose, depuis peu, un modèle différent, où deux mouvements paradoxaux se déploient simultanément : alors que se multiplie le nombre de stations émettrices – et que se forme ainsi un ensemble multipolaire très éclaté –, l'objet de la télévision dans son ensemble se resserre, lui, autour d'un centre d'intérêt principal : la télévision elle-même. Ce phénomène est très bien illustré par l'importance grandissante qu'accorde la presse *people* aux « stars » du petit écran. (Il est significatif qu'en France la remise des Césars du cinéma donne lieu, chaque année, à une émission dans laquelle, comme par hasard, les principales célébrités venant remettre les prix appartiennent à l'univers de la télévision.) Il est illustré aussi par l'existence d'émissions qui citent l'histoire de la télévision ; et de celles tournées en plateau et en présence de téléspectateurs en chair et en os.

La télévision, en se recentrant de la sorte sur elle-même, répond aux attentes du plus grand nombre de spectateurs, dont elle constitue bien souvent la culture unique. Devant l'aggravation des inquiétudes collectives, elle est tentée de transformer en spectacle le malheur social. Ainsi, les *reality shows* ont eu, il y a quelques années, valeur cathartique, proposant des substituts euphoriques aux cauchemars engendrés par la crise économique et la détresse [1].

---

1. *Cf.* Collectif, *Télévision et réalités sociales,* Valence, CRAC, 1994 ; *cf.* aussi Éric Macé, « La télévision du pauvre », Paris, *Hermès,* n° 11-12, 1992.

Les émissions qui dominent désormais sont les téléfilms, le sport, les jeux, et ces programmes – *trash* TV – où la vulgarité et la grossièreté sont explicitement revendiquées comme liens de communication fondamentaux avec le public.

Aux États-Unis, le *talk-show* le plus regardé en 1997-1998 a été une émission appartenant à ce genre : le *Jerry Springer Show*, avec 8 millions de téléspectateurs chaque jour. En un an, son taux d'audience a fait un bond de 183 %. Son idée de base est fort simple : mettre face à face deux personnes qui ont d'évidentes raisons de se détester, de se haïr, et les laisser s'affronter (elles en arrivent souvent aux mains) devant le public. Voici les récits de deux émissions type.

« Le *Jerry Springer Show* de cet après-midi s'intitule élégamment : “Maman, veux-tu m'épouser ?” Dans cette délicate histoire de famille, Brenda, 32 ans, s'apprête à épouser Bryan, 19 ans, le fils de son ex-mari. Jerry Springer, l'animateur de l'émission, a même prévu un gâteau de mariage qui doit être livré sur le plateau, ainsi qu'un juge pour officier. Mais Springer a également pris soin d'inviter l'ex-mari, furieux de cette affaire qu'il considère comme de l'inceste. Le public, lui, est ravi. Il y a de l'électricité dans l'air. Très rapidement, l'affaire dégénère. La pièce montée vole dans le studio, les invités s'empoignent, les coups partent, les insultes fusent. Le public, lui, exulte [1]. »

« Une belle jeune fille de couleur, aux cheveux coiffés

1. *Le Point*, 15 août 1998.

à l'africaine, fixe des yeux une dame blonde à l'air snob qui paraît déconcertée. La blonde a compris qu'une révélation va lui être faite concernant une personne qui lui est chère ; mais le fait de se trouver face aux caméras semble la raidir. L'animateur s'approche de la jeune Noire et lui glisse : "N'aviez-vous pas quelque chose à nous dire, très chère ?" La jeune fille hésite, elle cherche à éviter la question ainsi que le regard interrogatif de la femme blonde, plus figée que jamais. Le public commence à s'agiter. Mais, au bout de quelques secondes la réponse fuse et vient s'inscrire en surimpression sur l'écran : "Je suis enceinte de votre mari !" Un murmure de satisfaction monte du public. L'animateur se tourne immédiatement vers la femme blonde, qui a déjà bondi comme une tigresse sur la jeune Noire. Les deux femmes commencent à se griffer, à se mordre, à s'insulter, sous les applaudissements et les cris. C'est seulement alors que l'animateur requiert l'intervention de l'agent de sécurité et annonce l'intermède publicitaire tandis que, sur l'écran, s'inscrit le message suivant : "Êtes-vous enceinte du mari d'une autre femme ? Voulez-vous prendre une décision librement ? Appelez ce numéro..." [1]. »

Cette émission reçoit chaque semaine plus de 4 000 appels d'Américains prêts à tout révéler pour quinze minutes de célébrité. Et la cassette vidéo avec les séquences non diffusées (« *Too hot for TV* », « Trop osé

1. *La Repubblica*, Rome, 15 juin 1998.

pour la télé ») s'est vendue à plusieurs millions d'exemplaires [1].

En Italie, au nom du droit à l'information, un programme de *reality show* intitulé *Chi l'a visto* ? (« Qui l'a vu ? », équivalent de l'ancienne émission de TF1, *Perdu de vue*) n'a rien à envier à ces exemples de télé-poubelle. Ainsi, par exemple, dans son édition du 30 novembre 1998, un homme ordinaire, Ferdinando Carreta, 36 ans, retrouvé à Londres, a raconté avec des détails horrifiants, devant les caméras, comment, le 4 août 1989, saisi d'une crise de folie, il avait tué toute sa famille : d'abord le père, Giuseppe, 53 ans, ensuite la mère, Marta, 50 ans, et enfin son jeune frère, Nicola, 23 ans. Des révélations effrayantes qui ont laissé 3,7 millions de téléspectateurs sous le choc [2].

Devant ce type de concurrence, même les chaînes plus sérieuses en viennent à proposer des programmes empreints de sensationnalisme, et sont entraînées dans l'escalade du « jamais vu à la télé ». Ainsi, la CBS a diffusé, en novembre 1998, dans le cadre de son émission vedette *60 Minutes*, un des dix programmes les plus populaires aux États-Unis, une euthanasie en direct pratiquée par le Dr Jack Kevorkian. Une mort *live* à l'heure d'écoute maximale. « CBS est allée au-delà du devoir

1. Contrairement à ce que l'on pourrait penser, l'animateur Jerry Springer n'est pas un détestable fasciste, mais un ancien proche collaborateur de Robert Kennedy, et ancien maire de Cincinnati où il a laissé le souvenir d'un excellent gestionnaire.

2. *El País*, 2 décembre 1998.

d'informer – a accusé le *New York Times* – et s'est faite la complice d'une mort mise en scène pour la caméra. *60 Minutes* a fait ainsi un pas de plus vers la forme de télévision la plus primitive, et la moins coûteuse, la télé-vérité (...) dans laquelle la vie ne sert que de matière première au spectacle télévisé [1]. »

Le 30 avril 1998, une station de Los Angeles n'a pas hésité non plus à interrompre ses émissions pour enfants... pour diffuser, en direct, le suicide d'un désespéré. L'homme avait arrêté son véhicule au milieu d'une autoroute. Les hélicoptères des vidéo-vautours [2] sont rapidement venus bourdonner au-dessus de la scène. Les caméras ont tout filmé : l'homme mettant le feu à ses vêtements avant de se tirer un coup de fusil dans la tête qui éclatait en giclées de sang... Les enfants sont ainsi passés directement de la violence virtuelle des dessins animés à l'une des scènes réalistes les plus brutalement traumatisantes...

Du coup, le suicide en direct passionne également les chaînes de télévision du monde. En Thaïlande, par exemple, depuis que le nombre de cas a explosé en raison de la crise économique, les programmes d'information n'hésitent pas à diffuser, à plusieurs reprises, au ralenti, les chutes des malheureux qui se jettent du haut des immeubles. Entre juin 1997 et juillet 1998, les médias

1. Cité par *Libération*, 24 novembre 1998.

2. *Cf.* Yves Eudes, « Les vidéo-vautours de Los Angeles », *Le Monde diplomatique*, octobre 1993.

thaïlandais ont ainsi diffusé, souvent en direct, les images morbides de 650 suicides [1] !

Plutôt le local que l'international

La télépoubelle, qui s'intéresse plus au local qu'à l'international, aux individus plus qu'aux groupes, davantage au destin personnel qu'aux destinées collectives, et qui cherche à produire un effet de miroir et d'identification chez le téléspectateur, exerce une grande influence sur le contenu des journaux télévisés. L'objet principal de ces derniers demeure, théoriquement, le monde extérieur. Il n'est qu'à voir les emblématiques génériques ou décors de la plupart des téléjournaux, qui représentent presque toujours une mappemonde ou un globe terrestre.

Mais en réalité, constate *The Economist*, « au lieu de présenter un programme sérieux et bien ficelé, le journal du soir est désormais rempli de reportages aussi sensationnalistes que ceux trouvés sur les réseaux câblés. Et les impératifs de coûts dictent visiblement le contenu. Ce contenu fait davantage preuve d'esprit de clocher. Selon le rapport Tyndall, qui mesure la production des *networks* américains, la part de l'actualité étrangère a diminué, même par rapport à la période plus terne du milieu des années 80. (...) Le nombre de journalistes politiques diminue, alors que celui des spé-

1. *Libération*, 24 novembre 1998.

cialistes des affaires de consommation augmente. (...) La couverture des événements a elle-même changé. Le modèle en est l'affaire O. J. Simpson, que la télévision a adorée dès l'instant où elle a diffusé la course-poursuite qui allait se terminer par l'arrestation de l'ancien champion de football américain accusé du meurtre de son ex-épouse [1] ».

« La CNN – rappelle Serge Halimi – ce *network global* autoproclamé, dépêcha 70 correspondants et consacra 630 heures d'émission (près de deux par jour !) à O. J. Simpson, pourtant largement inconnu à l'extérieur des frontières américaines. » Et Halimi ajoute : « L'information générale d'ordre criminel (voitures et hélicoptères de police, cadavres, arrestations de suspects) sert d'ouverture à 72 % des journaux télévisés locaux et occupe entre 29 % et 33 % de leur durée. (...) Quant aux téléjournaux des *networks*, ils sont à peine moins vulgaires que la succession de meurtres, de météo et de sport qui, à la télévision, tient presque toujours lieu d'informations locales [2]. »

Cela est confirmé en France par le journal de 13 heures de TF1, présenté par Jean-Pierre Pernaut et regardé chaque jour par plus de 7 millions de téléspectateurs. Il donne la priorité à la météo, aux faits divers, aux problèmes concrets des petites gens, et néglige l'international. « Le 13 heures – dit son présentateur – est

---

1. *The Economist,* 4 janvier 1998.
2. Serge Halimi, « Un journalisme de racolage », *Le Monde diplomatique,* août 1998.

le journal des Français, qui s'adresse en priorité aux Français et qui donne de l'information en priorité française... [1]. » En fait, analyse François Jost, professeur à l'université Paris-III, « c'est le journal de la *vox populi.* Il s'agit moins d'informer que de répondre aux attentes du public, de rejoindre l'opinion majoritaire, et donc de faire l'audience la plus large possible. Il n'y a pas d'idée de mission : la logique de TF1 n'est pas de soutenir un parti politique, mais d'avoir un maximum d'audience. Coller au public en distillant une vision poujadiste, voilà la recette. Dans les reportages apparaît toujours le même discours : les petits sont toujours des victimes, le système nous écrase, on nous vole, les impôts sont trop chers... C'est un journal qui adopte toujours le point de vue du Français râleur (où vont mes impôts ?) et du consommateur victime (on me pique mon argent). C'est aussi la négation de l'info : de la météo aux problèmes de vie quotidienne, on dit au public ce qu'il pense et ce qu'il sait déjà. Ce n'est pas de l'information, c'est de la confirmation [2]. »

Le niveau de certains journaux télévisés s'est tellement dégradé que des présentateurs eux-mêmes n'y croient plus. Ainsi, Bruno Roger-Petit, présentateur du 23 Heures de France 2, l'a dit tout haut dans le mensuel parisien *Technikart* d'octobre 1998. Un soir par exemple, à la fin de son JT, il a balancé ses feuillets derrière lui. Le JT n'était pas brillant, c'était une manière de dire :

1. *Télérama*, 9 décembre 1998.
2. *Ibid.*

« Ce que vous venez de voir, on l'oubliera demain. » Quelques jours après, il terminait son journal en disant : « Bonsoir et à demain dans ce décor toujours aussi rieur... » Il qualifiait son collègue Benoît Duquesne de « motodidacte » pour son scoop le long de la CX de M. Jacques Chirac le soir de son élection présidentielle en 1995 ; taquinait la rédactrice en chef Arlette Chabot sur son « indépendance journalistique » ; et moquait les journaux du week-end pour leur côté « foire aux bestiaux » [1]... » Résultat : ce journaliste, que *Libération* considère comme l'« un des présentateurs les plus mauvaises têtes que la télé ait connu, un bras d'honneur vivant aux robots de l'info », a été écarté de son poste le 21 octobre 1998.

La suspicion qui entache désormais l'information télévisée a conduit, en France et dans d'autres pays, à la création de médiateurs. Celui de France 2, par exemple, Didier Epelbaum, propose, chaque samedi, en seconde partie du Journal de 13 heures, *L'Hebdo du médiateur*. Le principe est chaque fois le même : un ou deux téléspectateurs, choisis en fonction de l'intérêt de leur correspondance, viennent sur le plateau en direct confronter leurs points de vue à celui du journaliste responsable du reportage. « Le public nous accuse souvent de manipuler l'information – dit Didier Epelbaum. Avec le direct, on donne l'assurance au téléspectateur présent sur le plateau qu'il ne sera pas coupé. Je veux que les gens aient le sentiment qu'on respecte leur parole, même s'ils n'ont

1. *Libération*, 22 octobre 1998.

pas l'habitude de s'exprimer devant une caméra [1]. » Beaucoup de téléspectateurs, tout en reconnaissant que cela constitue un progrès, reprochent malgré tout aux médiateurs de ne pas être extérieurs à l'entreprise.

Nombre de chaînes nouvellement créées, en Europe ou ailleurs, ne proposent plus, en guise de journaux télévisés, que de courts flashes de nouvelles, lues par un journaliste et généralement sans accompagnement d'images aucun. Tel est le résultat de la divergence entre la logique spécifique aux journaux télévisés et celle, globale, de la télévision.

Spectacle et théâtralisation

Ces évolutions se sont faites bien que, de 1950 à 1980, en Europe, les informations télévisées aient été largement placées au cœur du débat sur la télévision, et que celle-ci ait constitué une des préoccupations politiques majeures des gouvernements [2]. Pour nombre de dirigeants, la conquête du pouvoir signifiait, hier encore, la mainmise sur la télévision, « filiale du pouvoir » et la possibilité, fantasmatique, par le contrôle des informations, de manipuler l'opinion publique. La fracture de l'ancien modèle télévisuel semble bien avoir exténué ce projet, repris désormais et adapté par les patrons d'en-

---

1. *Le Monde*, 8 novembre 1998.
2. *Cf.* Jean-Pierre Esquenazi, *Télévision et démocratie. Le politique à la télévision française* (1958-1990), Paris, PUF, 1999.

treprise pour tenter d'influencer à leur tour les responsables politiques [1].

Car les nouvelles lois qui se sont imposées aux émissions d'information – et aux journaux télévisés en tout premier lieu –, celles du spectacle et de la théâtralisation, ont véritablement bouleversé le rapport à la réalité et à la vérité, les faisant changer de nature et chavirant les repères.

On peut sans doute situer ce tournant à l'après-guerre du Vietnam (1962-1975). Ce conflit a, en effet, marqué l'apogée d'un certain voyeurisme informationnel, les caméras des reporters de télévision collant à l'action et montrant complaisamment les souffrances des hommes au combat. Ces images ôtèrent à la guerre toute aura épique. Les téléspectateurs purent assister à la défaite de l'empire. « Au moment de la guerre du Vietnam – a raconté le photographe et documentariste Roger Pic – il y avait, en Amérique comme en France et dans d'autres pays d'Europe, une réaction du public par rapport au bien-fondé de l'action menée sur le terrain par les Américains. C'est peut-être à cause justement de la prise de conscience à travers certains reportages que l'opinion publique a pu réagir contre cette guerre. Et c'est peut-être cela qui a finalement amené les Américains à décrocher et à partir, la bannière sous le bras de l'ambassadeur à Saigon [2]. »

On se souvient de ces images d'hélicoptères neufs jetés

---

1. *Cf.* Pierre Péan et Christophe Nick, *TF1, un pouvoir*, Paris, Fayard, 1997.

2. Roger Pic, « Vietnam, une guerre transparente ? », *in* Collectif, *Guerres et télévision*, Valence, CRAC, 1991.

à la mer par les Américains, pour faire de la place aux réfugiés, lors de la chute de Saigon en 1975. Symbolisant le grand gâchis de la défaite militaire des États-Unis, elles confirmèrent le retournement de l'opinion publique américaine contre les responsables politiques. Pour le pouvoir, la télévision atteignait là les limites de sa liberté de montrer.

Guerres invisibles

Depuis lors, et pas seulement aux États-Unis, les images de guerre ont fait l'objet d'un contrôle strict. De certains conflits, il n'y a tout simplement plus eu d'images. Et quand on connaît l'obsessionnelle passion des journaux télévisés pour le sang et la violence, on imagine la frustration des chaînes. Par exemple, il n'y eut aucune image d'action, d'affrontements ou de combats, de la reconquête des Malouines par le Royaume-Uni en 1982, ni de l'invasion du Sud du Liban par Israël la même année, ni de l'occupation de la Grenade par les États-Unis en 1983. Ce qu'on en a simplement vu : des images « propres » de soldats corrects, de prisonniers respectés, une violence nulle.

« Après le Vietnam – explique l'amiral Antoine Sanguinetti –, les choses ont changé progressivement du côté des Anglais d'abord, des Américains ensuite. Les affaires des Malouines, de la Grenade et de Panamá ont été, en fait, de véritables guerres sans témoins. (...) La Grenade a marqué la renverse côté américain. Là, l'amiral commandant en chef a décidé d'exclure totalement la presse, avec l'accord complet et préalable du gouvernement des États-Unis [1]. »

Voilà qui est devenu une norme : ne plus montrer les guerres. Et, moins encore, celles dans lesquelles sont impliquées des armées occidentales. Les pouvoirs politiques ne le permettent plus, quelles que soient, par ailleurs, les déclarations officielles et grandiloquentes en faveur de la liberté d'expression...

En veut-on un exemple impliquant – indirectement – la France ? Il suffit de penser à la guerre du Tchad de 1988. Que n'a-t-on pas dit des spectaculaires victoires des troupes de M. Hissène Habré sur celles du colonel Kadhafi ? Ces « raids foudroyants » et ce « désastre hollywoodien » avec, comme arrière-fond, « la sereine majesté du désert », devaient avoir magnifique allure, toute cinématographique ; et permettre, à l'heure de l'information-spectacle, des prises de vues sensationnelles. Or, précisément, comme chacun a pu le constater, les images de ces combats, nous ne les avons pas vues. (Les premiers reportages proposés par la télévision française – « tournés par l'armée tchadienne » – ne montraient, deux semaines après les faits, que des vues du matériel militaire et des prisonniers lors de la prise de Faya-Largeau.)

Les pouvoirs se méfient désormais de la force des images, car elles peuvent ternir les plus belles victoires.

---

1. Antoine Sanguinetti, « Les militaires et le contrôle de l'information », *in* Collectif, *Guerres et télévision*, *op. cit.*

Quelle impression auraient produite sur l'opinion publique les images de soldats israéliens, à Tyr ou à Saïda, en 1982, maltraitant des civils désarmés, enfermant dans des camps des milliers d'hommes encagoulés, bref, se comportant comme toute armée en terrain conquis ? Ou bien encore celles des « héroïques combattants » de M. Hissène Habré, alliés de la France, liquidant systématiquement des prisonniers libyens ?

C'est pourquoi la couverture de l'opération « Tempête du désert », lors de la guerre du Golfe, en 1991, ne pouvait donner lieu qu'à un malentendu, les médias promettant de montrer la « guerre en direct », alors que les militaires avaient décidé de ne proposer aux journalistes que des leurres. Et ceux qui ont crié à la surprise manquaient tout simplement d'information. « Ne croyez pas que tout cela ait pris les médias au dépourvu au moment de la guerre du Golfe – affirme l'amiral Antoine Sanguinetti. Car tout avait été écrit, tout le monde était prévenu ; la France aussi avait été informée en temps utile. Il y a un numéro d'*Armées aujourd'hui*, le numéro de septembre 1986, qui explique tout cela en détail : comment cela s'est passé à la Grenade, le fonctionnement des *pools*, et la première application du système par la France, dans la bataille "Marine française contre Greenpeace" [1]. »

Le professeur Mark Cristin-Miller, de l'université de New York, le confirme : « "Tempête du désert" a été une

1. Antoine Sanguinetti, « Les militaires et le contrôle de l'information », *in* Collectif, *Guerres et télévision, op. cit.*

opération de propagande d'une dimension sans précédent. Ce fut un désastre pour la presse occidentale et pour le peuple américain, car tout a été orchestré comme une chorégraphie et manipulé par le Pentagone. Et les médias l'ont accepté. À l'exception de Peter Arnett, journaliste à CNN, tous ont suivi les ordres et sont rentrés à la maison. Le Pentagone a appris ce "management de la guerre" du gouvernement Thatcher. L'invasion des Malouines a été menée suivant un schéma destiné à maîtriser le spectacle et à tenir la presse à l'écart. Les Britanniques étaient très avertis de ce qui s'était passé au Vietnam. À son tour, le Pentagone a fait ses classes à la Grenade et au Panamá, et était finalement au point pour "Tempête du désert" [1]. »

Les guerres, dans un univers surmédiatisé, sont devenues de grandes opérations de promotion politique qui ne sauraient être conduites en dehors des impératifs des relations publiques. Elles doivent produire des images propres, limpides, répondant aux critères du discours de propagande ou, en termes contemporains, du discours publicitaire [2]. Cela est une affaire trop sérieuse pour être laissée aux reporters des informations télévisées. « Je

---

1. *Le Monde*, 23 février 1998.

2. *Cf.* Michel Collon, *Attention médias ! Les médiamensonges de la guerre du Golfe. Manuel anti-manipulation*, Bruxelles, EPO, 1992 ; *cf.* aussi Gérard de Selys *et al.*, *Mediamensonges*, Bruxelles, EPO, 1991 ; Alain Woodrow, *Information-manipulation*, Paris, Félin, 1991 ; Collectif, *La presse en état de guerre*, Montpellier, Reporters sans frontières, 1991 ; et Yves Mamou, *C'est la faute aux médias ! Essai sur la fabrication de l'information*, Paris, Payot, 1991.

pense que les prochains conflits seront encore plus difficiles à suivre – estimait Jonathan Alter, de *Newsweek* – parce que les militaires, forts de l'expérience du Golfe, vont sans doute raffiner davantage leurs techniques de contrôle et de manipulation de l'information [1]. »

Il ne croyait pas si bien dire. Le numéro de janvier 1999 de la revue de l'Association des élèves et des anciens de Saint-Cyr, école des officiers de l'armée de terre, *Le Casoar*, contient un dossier intitulé : « Guerre ou maîtrise de l'information ? », dans lequel il est dit que la gestion des médias occupe désormais, pour les militaires, une place capitale, et que, en cas de conflit, il est au moins aussi important de maîtriser l'information que de conduire les actions sur le terrain. Les officiers mettent au point des « plans de campagne médiatique » afin de livrer des messages, de contrecarrer la propagande adverse, et d'amener la population à coopérer avec les troupes engagées. Un gradé rappelle que les médias les plus divers, radio, télévision, Internet, presse écrite, affiches, tracts, etc., doivent être mobilisés dans le but de « dominer pour affaiblir » et « faire douter de la cause adverse, de la capacité de ses chefs, de leur intégrité et de leur habileté [2] ».

1. Cité par André Gazut, *in* Collectif, *Guerres et télévision*, *op. cit.*
2. *Cf.* Jacques Isnard, « Les armées veulent contrôler les esprits », *Le Monde*, 23 janvier 1999.

Le faux est esthétique

Une telle préoccupation coïncide actuellement avec celle des responsables des chaînes, qui se méfient de plus en plus du réel, de son côté brut, hirsute, sauvage. Ils ne le trouvent pas très télégénique, et semblent convaincus que le vrai est difficilement filmable, que seul le faux est esthétique et se prête bien à la mise en scène. Ils estiment que, certes, le monde est fait pour être filmé, mais qu'on ne peut le filmer n'importe comment. Qu'il existe une rhétorique du visuel et des lois de la mise en scène. Et que tout ce qui est montré à la télévision doit s'y plier.

Cette mise en scène, méticuleusement conçue, permet parfois, de surcroît, d'y ajouter des connotations symboliques et des significations subliminales qui ont valeur politique. Le journaliste André Gazut, producteur du magazine *Temps présent* à la Télévision suisse romande, qui a couvert la rencontre Reagan-Gorbatchev à Genève en novembre 1985, a raconté à cet égard avec quelle précision et quelle technique les conseillers de M. Ronald Reagan mettaient en scène les images que les journalistes prenaient *librement* du président américain : « J'ai vu comment travaillaient les experts en communication de la Maison-Blanche. Je leur ai demandé : “Comment choisissez-vous la résidence du président Reagan ?” Ils m'ont expliqué : “Les Soviétiques se contentent de faire résider M. Gorbatchev à la Mission soviétique, une sorte de HLM améliorée, alors que nous, nous cherchons l'image paisible du lac. Naturellement c'est dommage, en novembre, ce sera un peu triste, mais ce sera une image de tranquillité, de sérénité." À tel point qu'ils avaient prévu, à peu près un mois auparavant, avec des dessins, des essais d'objectifs et des doublures, le parcours que M. Reagan ferait avec sa femme Nancy, à 14 h 15, dans le jardin, devant la presse, à la veille du Sommet. Les experts avaient prévu tous les détails, où ils s'arrêteraient, où ils se retourneraient. Les experts disaient : "Pour nous il s'agit de montrer, à la veille du Sommet, que Reagan est serein, qu'il est sûr de lui ; et le lac, derrière, évoquera son souci de paix". »

Et André Gazut ajoute : « Aucune image n'est innocente. Un autre expert présent [Mike Deaver] avait organisé la célébration, en juin 1984, par le président Reagan, de la commémoration du débarquement allié en Normandie. Là aussi, tout avait été étudié : choix de l'heure en relation avec la marée haute, position du soleil, passage d'un croiseur en arrière-fond. Le but : que la symbolique souhaitée apparaisse à l'image, quelle que soit la focale des objectifs utilisés par les journalistes [1]... »

Lorsque la matière visuelle fait défaut, les chaînes n'hésitent pas à la fabriquer artificiellement, en proposant des images de synthèse « plus vraies que les vraies ». « Souvent, il n'y a pas d'image du tout – explique Hervé Brusini –, alors on en recrée une abstraite qui peut être une carte géographique, un char dessiné, etc. Un service

1. André Gazut, *in* Collectif, *Guerres et télévision*, *op. cit.* Ces images étaient tellement fortes et efficaces que M. Reagan les utilisa pour sa campagne électorale en novembre 1984.

se développe dans les rédactions, le service *Paintbox* (palette graphique). Ses membres dessinent les choses et visualisent par l'image ce dont vous n'avez pas d'images enregistrées. Cette part de l'information a pris de plus en plus d'importance dans notre travail. Parfois même, les reporters sur le terrain demandent à Paris de fabriquer des images à la *Paintbox* pour les diffuser au moment où ils enverront leur reportage... [1]. »

Comment montrer *live* ?

À cela s'ajoute, paradoxalement, dans le cas des informations télévisées, le souci du direct. Car c'est le direct, l'instantané, qui crée « l'illusion de vérité ». « L'important pour le système, pour les chaînes de télévision – explique Bernard Langlois, directeur de *Politis* et ancien présentateur du journal télévisé d'Antenne 2 –, ce n'est pas tant ce que vont dire leurs envoyés spéciaux ; c'est qu'ils soient là-bas. Qu'ils soient présents, qu'on puisse les montrer à l'écran, en situation, sur le terrain, et si possible avant la concurrence : "Notre envoyé spécial était le premier sur les lieux." Qu'il soit à peine débarqué de l'avion, et qu'il n'ait eu de contact qu'avec le chauffeur de taxi qui l'emmenait de l'aéroport au lieu

1. Hervé Brusini, « Le reporter, un archaïsme journalistique ? », *in* Collectif, *Guerres et télévision*, *op. cit.*

où il va faire son premier direct, cela n'a aucune importance. Il est là, donc il sait [1]. »

Le plus souvent, le journal télévisé est confronté à un problème insoluble : comment montrer *live*, et dans une mise en scène adéquate, des événements survenus avant l'heure de l'émission et qui ne sont filmés qu'après s'être produits ?

En fait, tout comme la presse écrite, la télévision préfère reconstruire l'événement et, sauf cas exceptionnel, ne peut nous le montrer se déroulant. L'idéal serait, bien sûr, de savoir où et quand les événements vont se produire et placer judicieusement les caméras. Dans le film *Network*, le réalisateur Sidney Lumet raconte la guerre que se livrent deux grands réseaux américains de télévision pour faire grimper le taux d'audience de leur journal télévisé. Cette compétition furieuse conduit un des directeurs de l'information à passer un accord avec un groupe terroriste pour avoir le droit de filmer, en direct et en exclusivité, les attentats perpétrés par le groupe. On y voit aussi la chaîne organiser, en direct et dans ses propres studios, l'assassinat du présentateur du téléjournal dont la cote de popularité s'effondrait...

L'information télévisée court de moins en moins après l'événement extérieur ; elle a tendance à le convoquer à l'heure du journal et sur le plateau de la station. C'est plus sûr, plus facile à filmer. Et c'est en direct. La méthode est la suivante : réduire, radicalement, la poli-

1. Bernard Langlois, « Plus on communique, moins on informe », *in* Collectif, *Guerres et télévision, op. cit.*

tique à du concret. Car l'abstrait n'a pas d'image, c'est son grand défaut ontologique. Seul le réel est filmable. Pas la réalité.

Personnaliser la politique

Du concret donc. Artificiellement construit en personnalisant au maximum la politique : un parti, un pays, c'est un homme – son chef le plus souvent –, un visage. La vie politique devient un heurt d'hommes (ou de femmes), charnel, filmable, plutôt qu'un choc d'idées, qu'on ne sait comment représenter. Les chefs, devenus hommes-métonymies comme il y a des hommes-sandwiches, sont convoqués dans les studios, où on les fait parler. Le commentaire de leurs propos tient lieu de commentaire de la réalité politique. Un méta-discours sur une méta-analyse. C'est sur ce principe que reposent nombre d'émissions.

Souvent, on atteint par là le comble de l'illusion : les questions de plusieurs journalistes, les sondages en direct, les appels des téléspectateurs, tout tend à accréditer l'idée que le (ou la) leader interrogé(e) va être jugé(e) sur son analyse de la situation ou sur son action. Or, en fait, le sondage final, le verdict, détermine seulement si le responsable politique a été « jugé convaincant ». C'est effectivement la personne même qu'il s'agit de juger, sa capacité à convaincre, sa psychologie, son caractère, sa maîtrise, et non sa politique. À ce titre, il n'y a pas de différence entre une émission « politique » et une émission grand public du samedi soir. Ce que jugent les spectateurs, dans les deux cas, c'est la performance en matière de mentir-vrai.

Cette triste conception de la politique – et de la télévision – enchante certains : « Regardez les hommes publics. Regardez comme [la télévision] les traite », exulte, par exemple, Bernard-Henri Lévy. « Regardez comme elle les dévoile, les débusque, comme elle les met mal à l'aise, comme elle les force à se livrer ou à improviser. À la télévision, je l'ai parfois dit, on lit à livre ouvert sur les visages. On pense comme une fille enlève sa robe. Il y a, dans ces "heures de vérité" si bien nommées, une mise à nu du personnage qui me semble tout à fait passionnante et qui n'est pas, soit dit en passant, sans intérêt dans une démocratie [1]. »

La victime, le sauveteur et le dignitaire

Dans les journaux télévisés, les lois de la mise en scène créent l'illusion du direct et donc celle de la vérité. Qu'un événement se produise, et l'on sait comment la télévision va nous en parler, selon quelles normes, quels critères filmiques.

Si l'événement peut être inattendu, le discours qui nous l'expose, lui, ne l'est pas. Ici, plus qu'ailleurs, se

---

1. Bernard-Henri Lévy, *Éloge des intellectuels*, Paris, Grasset, 1987.

vérifie le savoureux postulat d'Oscar Wilde : « La vérité est purement et simplement une question de style [1]. »

Imaginons, par exemple, qu'une bombe explose à Paris et fasse des victimes. Comment le journal télévisé du soir nous montrera cela ? Et quelle place occupera cette information dans le déroulement du journal ? La violence et le sang lui permettent de prétendre à la place principale : l'ouverture de l'émission.

Les images s'organiseront autour d'un scénario immuable : première partie, un reporter sur les lieux de l'événement (effet de direct) nous indique dans quelles circonstances il s'est produit, évoque les dommages que la caméra montre longuement ; puis un premier témoin (une des victimes, de préférence ou, à défaut, quelqu'un ayant assisté aux faits) raconte ce qu'il a vu (ses yeux ont enregistré *en direct* l'événement) [2].

Deuxième partie, comme pour confirmer ce récit, la caméra s'attarde encore sur le désastre avant un deuxième témoignage : c'est toujours celui d'une autorité opérant sur le terrain (pompier, gendarme, agent de police, soldat, etc. – l'uniforme est indispensable) ; il explique

---

1. Oscar Wilde, *Le Déclin du mensonge*, Bruxelles, Complexe, 1990.

2. Dans un texte peu connu, intitulé « Droit dans les yeux », Roland Barthes raconte : « Massacre au Cambodge : les morts déboulinent de l'escalier d'une maison à moitié démolie ; en haut, assis sur une marche, un jeune garçon regarde le photographe. Les morts ont délégué au vivant la charge de me regarder ; et c'est dans le regard du garçon que je les vois morts. » *L'Obvie et l'obtus*, Paris, Le Seuil, 1982.

comment son régiment est intervenu, évalue sommairement les dégâts, définit les risques, la nature de l'explosif, etc.

Enfin, dernière partie, après un nouveau parcours sur les lieux détruits et de nouvelles images de ruines, un témoignage final : celui d'une autorité supérieure (préfet, officier, maire, ministre, responsable politique...), qui se dégage de l'événement proprement dit, le relie à un cadre général, parle, par exemple, du « terrorisme international », relativise, rationalise, rassure.

Ainsi, en trois temps, et par le truchement de trois personnes-emblèmes (la victime, le sauveteur, le dignitaire), l'événement est à la fois montré dans toute son horreur et expliqué dans sa logique profonde. Tout est mis en place pour prouver que, dans tous les cas, il ne relève pas de l'irrationnel. Les téléspectateurs sont à la fois effrayés par les effets de la violence et rassurés par l'efficacité et le savoir-faire des autorités.

Un tel scénario permet, d'une part, au récit de fonctionner quel que soit l'événement, et, d'autre part, aux téléspectateurs de « digérer » toutes les nouvelles. Et cela, quelles que soient les explications proposées par les autorités lors du troisième témoignage. Qu'elles soient vraies ou non importe peu. Le téléjournal propose un univers où tout est vrai, ainsi que son contraire [1]. Ce qui compte, c'est la logique du discours filmé, qui va permettre d'insister visuellement sur les images les plus drama-

1. *Cf.* Paul Watzlawick, *La Réalité de la réalité*, et surtout la deuxième partie, sur « la désinformation », Paris, Le Seuil, 1978.

tiques, les plus violentes, les plus sanglantes. La télévision est un art, et « l'affirmation de belles choses inexactes : le but même de l'art [1] ».

Tératologie télévisuelle

La caricature de cette logique – propos raisonnables, images délirantes – est atteinte dans certaines émissions qui se proposent de nous expliquer les grands dossiers politiques de l'actualité : l'Algérie, le conflit israélo-palestinien, le Golfe, le Kosovo, le Kurdistan, la Bosnie, etc. Autant le commentaire – oral, récité les yeux dans les yeux par un journaliste – est sérieux, historique, grave, autant les images déferlent à un rythme de mitraillette, ponctuées par une musique sur-dramatisante, n'évoquant que la souffrance la plus insoutenable (femmes, enfants, vieillards sont complaisamment montrés dans toutes les poses de la douleur), la violence guerrière, les massacres, les incendies... Bref, une monstrueuse juxtaposition de Fernand Braudel et Cecil B. de Mille, le ton de l'essai sur fond de péplum. Le comble de la tératologie filmique. Et l'exemple même de la schizophrénie actuelle d'une certaine télévision en matière d'information.

Excréments télégéniques

Il arrive toutefois qu'un événement soit attendu, programmé, prévu de longue date. Dans ce cas, la mise en

1. Oscar Wilde, *Le Déclin du mensonge*, *op. cit.*

scène prend entièrement le dessus. Non seulement dans l'organisation du discours télévisuel, mais encore dans le déroulement de l'événement lui-même. La logique de la télévision s'impose alors à celle de la vie. La retransmission est juste, vraie ; c'est le réel qui est faux. Car les nécessités d'une bonne mise en scène télévisuelle contraignent à modifier l'ordre des choses, même les plus intimes.

Umberto Eco, évoquant la retransmission télévisée du mariage du prince héritier d'Angleterre, Charles, avec Lady Diana, le 29 juillet 1981, et en particulier le cortège de cavaliers, a expliqué jusqu'où peut aller le souci de la mise en scène chez certains réalisateurs d'informations télévisées : « Ceux qui ont regardé la télévision ont remarqué que le crottin [des chevaux du cortège] n'était ni sombre, ni brun, ni inégal, mais se présentait toujours et partout dans un ton pastel, entre le beige et le jaune, très lumineux, de façon à ne pas attirer l'attention et à s'harmoniser avec les couleurs tendres des habits féminins. On a lu ensuite, mais on pouvait facilement l'imaginer, que les chevaux royaux avaient été nourris pendant une semaine avec des pilules spéciales, pour que leurs excréments aient une couleur télégénique. Rien ne devait être laissé au hasard, tout était dominé par la retransmission [1]. »

---

1. Umberto Eco, *La Guerre du faux*, Paris, Grasset, 1986.

Télévision nécrophile

Le faux « scoop du siècle », diffusé par la télévision italienne le 5 février 1990, fera probablement date dans l'histoire des supercheries médiatiques. Ce jour-là, Gianni Minoli, présentateur à la RAI-2 du magazine *Mixer*, un hebdomadaire d'informations, annonça la diffusion d'un « document majeur » : la confession du juge Sansovino qui avouait avoir truqué, avec l'accord des autres membres du tribunal électoral, les résultats du référendum de 1946 ayant permis à l'Italie d'abolir la monarchie et de devenir une république... Rien de moins.

À la fin de la projection, et alors que les téléspectateurs étaient stupéfaits, Minoli dévoila la supercherie : le juge était un comédien, les « documents anciens », en noir et blanc, avaient été tournés en studio, avec des figurants ; bref, tout était faux, hormis l'émotion profonde ressentie par des millions de téléspectateurs. « Nous avons voulu montrer – disait en conclusion Gianni Minoli – comment on peut manipuler l'information télévisée. Il faut désormais apprendre à se méfier de la télévision et des images qui nous sont présentées. »

Hystérie collective

Une telle leçon de morale devenait en effet nécessaire après la révélation, fin janvier 1990, que les images atroces du charnier de Timişoara, en Roumanie, étaient le résultat d'une mise en scène [1] : les cadavres alignés sur des draps blancs n'étaient pas les victimes des massacres du 17 décembre 1989, mais des morts déterrés du cimetière des pauvres, complaisamment offerts à la nécrophilie de la télévision.

La Roumanie était une dictature, et Nicolae Ceauşescu, un autocrate. Partant de ces données vraies et indiscutables, la télévision s'est une fois de plus laissée aller, dans sa couverture des événements de Bucarest en décembre 1989, à ses pires penchants morbides. La course au sensationnel l'a conduite au mensonge et à l'imposture, entraînant dans une sorte d'hystérie collective l'ensemble des médias, et même une partie de la classe politique. Comment cela a-t-il pu se produire dans nos pays qui se définissent aussi comme des « démocraties de communication » ?

---

1. *Le Figaro*, 30 janvier 1990.

La plus importante tromperie

L'invention du faux charnier de Timişoara est sans doute l'une des principales tromperies depuis l'invention de la télévision. Ces images eurent un formidable impact sur les téléspectateurs qui suivaient depuis plusieurs jours, avec passion et ferveur, les événements de la « révolution roumaine ». La « guerre des rues » se poursuivait alors à Bucarest, et ce pays paraissait risquer de retomber dans les mains des hommes de la Securitate, la redoutable police secrète de Nicolae Ceauşescu, quand ce « charnier » est soudain venu confirmer l'horreur et la brutalité de la répression.

Ces corps déformés s'ajoutaient, dans notre esprit, à ceux que nous avions déjà vus, gisant, entassés, dans les morgues des hôpitaux, et corroboraient le chiffre de « 4 000 » victimes des massacres de Timişoara. « 4 630 », précisait, par ailleurs, un envoyé spécial de *Libération* ; et certains articles de la presse écrite intensifiaient le dramatisme de la situation : « On a parlé de bennes à ordures transportant d'innombrables cadavres vers des endroits secrets pour y être enterrés ou brûlés », rapportait une journaliste du *Nouvel Observateur* (28 décembre 1989) ; « Comment savoir le nombre de morts ? Les chauffeurs de camions qui transportaient des mètres cubes de corps étaient abattus d'une balle dans la nuque par la police secrète pour éliminer tout témoin », écrivait l'envoyé spécial de l'AFP (*Libération*, 23 décembre 1989).

En voyant les cadavres de Timişoara sur le petit écran, on ne pouvait mettre en doute les « 60 000 morts »

– certains parlaient même de 70 000 – qu'aurait provoqués en quelques jours l'insurrection roumaine [1]. Les images de ce charnier donnaient du crédit aux affirmations les plus délirantes.

Diffusées en Europe occidentale le samedi 23 décembre à 20 heures, elles contrastaient avec l'atmosphère de la plupart des foyers où l'on préparait les fêtes de Noël. Comment, par exemple, ne pas être bouleversé par l'image de ce « témoin » en chemise à carreaux, tirant à l'aide d'un fil de fer et soulevant par les chevilles les jambes d'un cadavre que l'on imaginait victime des plus épouvantables tortures [2] ? D'autant que d'autres témoignages écrits le confirmaient, y ajoutant des détails atroces : « À Timişoara, racontait par exemple l'envoyé spécial d'*El País*, l'armée a découvert des chambres de torture où, systématiquement, on défigurait à l'acide les visages des dissidents et des leaders ouvriers pour éviter que leurs cadavres soient identifiés [3]. »

Devant cet alignement de corps nus suppliciés, devant certaines expressions lues – « des mètres cubes de corps », « des bennes à ordures transportant des cadavres », « cadavres défigurés à l'acide »... –, d'autres images venaient inévitablement à la mémoire : celles des docu-

1. On sait, aujourd'hui, que le nombre des morts – y compris les partisans de Ceauşescu – n'a pas dépassé 1 000, et que, à Timişoara, il était inférieur à 100. *Cf. Le Monde*, 14 février 1990.

2. Il s'agissait, en fait, du cadavre d'un inconnu retrouvé coincé dans un égout et que les pompiers avaient dû attacher par les pieds pour pouvoir le retirer.

3. *El País*, 29 décembre 1989.

mentaires sur les horreurs des camps d'extermination nazis. C'était insoutenable, mais nous regardions tout de même, comme par devoir, en pensant à la phrase de Robert Capa, le grand photographe de guerre : « Ces morts auraient péri en vain si les vivants refusent de les voir. »

Abandonner un peuple à la Securitate ?

Les téléspectateurs éprouvaient une profonde compassion pour ces morts : « Beaucoup ont pleuré en voyant les images du charnier de Timişoara », constate un journaliste [1]. « Électrisé par La Cinq et France-Info, avoue un autre journaliste, j'enrageais ; allions-nous abandonner un peuple entier aux bouchers de la Securitate [2] ? »

Les esprits s'enflammaient ; l'éditorialiste Gérard Carreyrou, après avoir vu ces images, lançait sur le 20 heures de TF1 un véritable appel à la formation de Brigades internationales pour partir « mourir à Bucarest ». Jean Daniel, dans *Le Nouvel Observateur*, constatant « le divorce entre l'intensité dramatique des faits rapportés par la télévision et le ton des gouvernants », se demandait « si nos gouvernants n'auraient pas intérêt de temps à autre à puiser leur inspiration dans la rue [3] ». Et M. Roland Dumas, alors ministre des Affaires étrangères,

1. *Le Nouvel Observateur*, 28 décembre 1989.
2. *Le Nouvel Observateur*, 11 janvier 1990.
3. *Ibid.*

semblait lui donner raison en déclarant : « On ne peut assister en spectateur à un tel massacre. »

Ainsi, à partir d'images dont nul n'avait songé à vérifier l'authenticité, on en était arrivé à envisager, au nom du « droit d'ingérence », une action guerrière, et certains réclamaient même une « intervention militaire soviétique » (!) pour écraser les partisans de Ceauşescu...

Le sensationnel à tout prix

On avait oublié qu'aujourd'hui l'information télévisée est essentiellement un divertissement, un spectacle. Qu'elle se nourrit fondamentalement de sang, de violence et de mort. Et d'autant plus avec la concurrence effrénée que se livrent les chaînes, qui obligent les journalistes à rechercher le sensationnel à tout prix, à vouloir être les premiers sur le terrain et à envoyer sur-le-champ des images fortes. Ces impératifs ne tiennent pas compte du fait qu'il est parfois matériellement impossible de vérifier que l'on n'est pas victime d'une intox, d'une manipulation, et que les reporters manquent de temps pour analyser sérieusement la situation – ce qui avait déjà été le cas lors des événements de Pékin au printemps 1989. Ce rythme frénétique, insensé, la télévision l'impose aussi à la presse écrite, contrainte de renchérir au risque de s'engager dans les mêmes travers [1].

---

1. *Cf.* à ce propos, Colette Braeckman, « Je n'ai rien vu à Timişoara », *Le Soir*, 27 janvier 1990.

« Dans les conditions de production actuelles – affirme Bernard Langlois –, les reporters n'ont plus le temps d'enquêter, de réfléchir, d'approfondir, de mettre les faits dans un contexte. Cela est dû à la progression des techniques de communication, des transmissions, des satellites... Maintenant, tout va très vite avec, de surcroît, le poids et les effets d'entraînement de la télévision. À cela s'ajoutent les ravages de la concurrence, la nécessité d'être le premier et d'être le plus spectaculaire, car cela se traduit en parts de marché, et donc en recettes publicitaires. Ces conditions font que les journalistes ne sont pas forcément responsables ; on ne leur laisse pas le choix. Et on en arrive à ce paradoxe que, plus on communique, moins on informe, donc plus on désinforme [1]. »

Il en est qui, en revanche, n'ignorent pas cette perversion nécrophilique de la télévision, ni ses redoutables effets sur les spectateurs : ce sont les autorités politiques. En cas de conflit armé, on le sait, elles contrôlent strictement le parcours des caméras et ne laissent rien être filmé librement ou au hasard.

L'invasion du Panamá

On en trouve une parfaite illustration dans la manière dont les journaux ont rendu compte de l'invasion américaine du Panamá, strictement contemporaine des évé-

1. Bernard Langlois, « Plus on communique, moins on informe », *in* Collectif, *Guerres et télévision*, *op. cit.*

nements de Bucarest. Alors que le nombre de morts y a été deux fois supérieur (environ 2 000 personnes, civiles pour la plupart), pourquoi nul n'a parlé de « génocide panaméen », ni de « charniers » ? Parce que l'armée américaine n'a pas permis aux journalistes de filmer les scènes de guerre. « Pas d'images de combats – constate un critique de télévision, déçu par les reportages sur le Panamá – si ce n'est quelques plans confus de soldats braquant leurs armes vers une poignée de résistants dans le hall d'un immeuble [1]. » Or, une guerre « invisible » n'impressionne pas, ne révolte pas l'opinion publique.

Le Panamá était infiniment moins palpitant que la Roumanie, devenue, comme l'ensemble des pays de l'Est, une sorte de territoire sauvage où, depuis la chute du mur de Berlin, aucune réglementation concernant les tournages n'avait été instituée. C'est pourquoi les caméras, bridées par de multiples interdits à l'Ouest [2], s'enivraient soudain de liberté et s'abandonnaient à leurs pires penchants, à leur fascination morbide pour le scabreux, le sordide, le nauséeux.

Diffuser des rumeurs

La Roumanie était un pays fermé et secret depuis des décennies, dont peu de spécialistes connaissaient les réa-

1. *Cahiers du cinéma*, février 1990.

2. Ces interdits sont tellement nombreux que les journaux télévisés, aux États-Unis, n'hésitent pas à « reconstituer » les événements qu'ils ne peuvent filmer.

lités. Et, brutalement, à la faveur des événements, des centaines de journalistes [1] se sont trouvés au cœur d'une situation confuse, devant, en quelques heures, et sans le secours habituel des attachés de presse, expliquer ce qui se passait à des millions de téléspectateurs. Cette combinaison de facteurs a favorisé l'émergence de supports d'information inhabituels : les journalistes se sont faits l'écho des rumeurs insistantes, en se basant, habilement, sur des principes fondateurs de vieux mythes politiques – qui bénéficient, on le sait, d'un fort pouvoir de fascination –, et sur des analogies aux résonances émotionnelles importantes.

Mythes et analogies

Dans cette affaire roumaine, un mythe domine : celui de la conspiration. Et une analogie : celle qui assimile le communisme au nazisme. Ce mythe et cette analogie ont structuré la plupart des discours des médias sur la « révolution roumaine ».

La prétendue conspiration est celle des « hommes de la Securitate », décrits comme innombrables, invisibles, insaisissables ; surgissant la nuit, à l'improviste, de souterrains labyrinthiques et ténébreux, ou de toits inaccessibles ; des hommes surpuissants, surarmés, principalement étrangers (Arabes surtout, Palestiniens, Syriens, Libyens) ou nouveaux janissaires, orphelins élevés et

1. *Le Journal des médias*, 5 février 1990.

éduqués pour servir aveuglément leur maître ; capables de la plus totale cruauté, comme, par exemple, d'entrer dans les hôpitaux et de tirer sur les malades, d'achever les mourants, d'éventrer les femmes enceintes, d'empoisonner l'eau des villes...

Toutes ces atrocités, que la télévision confirmait, étaient – on le sait aujourd'hui – fausses. Ni souterrains, ni couloirs secrets, ni Arabes, ni empoisonnement, ni enfants enlevés à leurs mères... Tout cela était pure invention, rumeurs [1]. En revanche, chacun des termes de ces récits – « D'un bunker mystérieux, racontait par exemple une journaliste, Ceauşescu et sa femme commandaient la contre-révolution, ces bataillons noirs, chevaliers de la mort, courant, invisibles, dans les souterrains... [2] » – correspond bien, exactement, aux éléments constitutifs du fantasme de la conspiration, un mythe politique classique ayant servi à accuser, en d'autres temps, les jésuites, les juifs et les francs-maçons.

« Le souterrain, explique le professeur Raoul Girardet, joue dans le légendaire symbolique de la conspiration un rôle toujours essentiel. (...) Jamais ne cesse d'être sentie la présence d'une certaine angoisse, celle des trappes brusquement ouvertes, des labyrinthes sans espoir, des corridors infiniment allongés. (...) La victime voit chacun de ses actes surveillé et épié par mille regards clandestins.

---

1. *Cf.* le dossier *Roumanie, qui a menti ?*, Montpellier, Reporters sans frontières, 1990.

2. *Le Nouvel Observateur*, 28 décembre 1990.

(...) Hommes de l'ombre, les hommes du complot échappent par définition aux règles les plus élémentaires de la normalité sociale. (...) Surgis d'autre part ou de nulle part, les séides de la conspiration incarnent l'étranger au sens plein du terme [1]. »

De manière inconsciente, les médias retrouvaient ainsi, à l'occasion des événements de Roumanie, les grands archétypes d'un mythe politique classique, celui de la conspiration.

Le monstre

Ce mythe est complété par un second, qui est celui du « monstre ». Au pays de Dracula, il était facile de faire de Ceauşescu – qui était incontestablement un tyran – un vampire, un ogre, un satanique prince des ténèbres. Il pouvait aisément incarner, dans le récit mythique proposé par les médias, le mal absolu, « celui qui s'empare des enfants dans la nuit, qui porte en lui le poison et la corruption [2] ». Le mal induisait du même coup le remède, le seul efficace : l'exorcisme, ou son équivalent, le procès (en sorcellerie), grâce auquel, « expulsé du mystère, exposé en pleine lumière et au regard de tous, il peut enfin être dénoncé, affronté, défié [3] ». Telle fut la

1. Raoul Girardet, *Mythes et mythologies politiques*, Paris, Le Seuil, 1986.
2. *Id.*, *ibid.*
3. *Id.*, *ibid.*

fonction, mythique, cathartique (et non politique), du procès du couple Ceauşescu qui, jadis, aurait sans doute péri sur un bûcher.

Communisme = nazisme

L'autre grande figure du discours médiatique sur la Roumanie a été l'analogie, et, spécifiquement, celle du communisme et du nazisme.

Les événements de Bucarest se sont produits après que tous les autres pays de l'Est – à l'exception de l'Albanie et de l'Union soviétique – eurent connu une « révolution démocratique ». Certains journalistes ont, de ce fait, senti comme un risque que le communisme, « l'autre barbarie du XXe siècle » avec le nazisme, achève son parcours historique sans que sa fin puisse être associée à des images fortes, d'horreur et d'effroi, symboliques de sa « cruelle nature ».

Tout au long du dernier trimestre de 1989, l'effondrement du communisme s'était fait dans la paix et même la joie (images festives de Berlin, images joyeuses des Tchèques place Venceslas...). Ce qui avait été une « tragédie » pour des millions de personnes ne pouvait s'achever sur des images euphoriques. « Il était trop terriblement absurde, écrivait par exemple un éditorialiste, que le communisme se dissolve sans bruit et sans éclat dans le seul reniement de ses acteurs. Le communisme, ce rêve immense de l'humanité, pouvait-il s'écrouler sans un fracas rappelant sa monstrueuse puissance [1] ? » L'occasion était donc immanquable, il *fallait* des images tragiques.

C'est très précisément cette logique préexistante, ce scénario inconscient qui, par avance, a fait accepter les images du charnier de Timişoara. Ce charnier devait enfin confirmer l'analogie que beaucoup avaient à l'esprit. « J'aurai donc vu cela, s'exclamait une journaliste devant les images du charnier, la fin du nazisme et aujourd'hui la fin du communisme [2]. »

Si l'effondrement du communisme n'avait pas jusqu'alors trouvé une traduction en images fortes, il fallait les proposer : images nécessaires qu'aucun scepticisme, qu'aucun sens critique ne pouvaient récuser. Elles tombaient juste et arrivaient à point. Elles annonçaient, avec huit ans d'avance, *Le Livre noir du communisme* de Stéphane Courtois [3]. Elles clôturaient la guerre froide et devaient condamner à jamais le communisme dans l'esprit des êtres humains, comme les images des camps d'extermination avaient, à juste titre, en 1945, définitivement condamné le nazisme.

Mensongères, ces images nécrophiles de Roumanie étaient logiques. Et venaient ratifier la fonction de la télévision dans un monde où l'on tend à remplacer la réalité par sa mise en scène.

---

1. *Le Nouvel Observateur*, 28 décembre 1990.
2. *Ibid.*
3. Paris, Robert Laffont, 1997.

Trois médiamythes

Masque à gaz, « Furtif », *Patriot*

Le mythe est un mode de signification, c'est une parole, une forme.

ROLAND BARTHES

Six mois durant, d'août 1990 à février 1991, l'attention du monde s'est concentrée autour de la crise du Golfe. Dirigeants, médias et citoyens de la planète ont suivi, au jour le jour, les dramatiques évolutions de l'une des affaires de politique internationale les plus importantes depuis la fin de la seconde guerre mondiale, et qui devait d'ailleurs, dès le 17 janvier 1991, déboucher sur un conflit de courte durée, mais d'une envergure considérable.

CHARNIÈRE ENTRE DEUX ÂGES

La vie quotidienne en a été bouleversée dans de nombreux pays, soit par crainte d'éventuels attentats, soit par désir d'accompagner moralement les forces engagées sur le terrain. L'économie, les transports, les loisirs ont été fortement secoués, à tel point que les observateurs de la vie politique qualifient aujourd'hui cette crise de « charnière entre deux âges ».

Elle marque en effet non seulement la véritable fin de la guerre froide (1947-1989), mais sans doute aussi le seuil d'une nouvelle ère politique dont on peut dire – bien que les contours n'en soient pas encore parfaitement dessinés – qu'elle se caractériserait par trois données fortes.

Elle se fonde d'abord sur la fin du monde bipolaire, c'est-à-dire la fin d'un monde militairement dominé par la rivalité entre les États-Unis et l'ex-Union soviétique (la Russie, qui a succédé à celle-ci, admet désormais que l'immensité de ses problèmes internes l'oblige à se concentrer sur eux et à déserter les multiples fronts de la planète).

En deuxième lieu, elle est marquée par l'hégémonie d'une théorie économique devenue système de pensée, l'ultra-libéralisme qui, s'élevant sur les ruines de l'univers idéologique précédent (et soutenu par des institutions internationales comme la Banque mondiale, le Fonds monétaire international, l'Organisation de coopération et de développement économiques, et l'Organisation mondiale du commerce), a vocation à s'étendre à l'ensemble de la planète et à occuper, en particulier à l'Est mais aussi au Sud, l'espace déserté par les socialismes.

Le troisième élément caractéristique est la compétition économique d'un type nouveau qui voit s'affronter entre eux les trois pôles les plus riches de la Terre : l'Amérique du Nord (États-Unis, Canada et Mexique), les quinze pays de l'Union européenne et la zone Japon-Asie-Pacifique (malgré la crise financière qui a secoué cette région à partir de l'été 1997).

L'ensemble de ces bouleversements est advenu dans le contexte de la fin des années 80, marqué par la mondialisation de l'économie, d'une part, et l'irruption des nouvelles technologies de l'information et de la communication, d'autre part.

En innervant tous les réseaux, cette dernière a pu modifier jusqu'aux domaines du pouvoir, de l'économie, de la production, et de la culture [1]. À elle seule, cette mutation induit un changement d'époque et rend caducs, par comparaison, les autres modèles. Elle relègue notamment les pays pauvres du Sud encore plus loin dans la périphérie du monde riche et développé [2].

Changement de paradigmes

Pour fondamentale que soit cette « révolution » – et peut-être précisément pour cette raison –, elle n'en est pas pour autant encore véritablement pensée. Aucun philosophe ou politologue n'est, pour l'heure, parvenu à en

1. *Cf.* Manuel Castells, *La Société en réseaux*, Paris, Fayard, 1998.
2. *Cf.*, à cet égard, le *Rapport mondial sur le développement humain 1998*, publié par le Programme des Nations unies pour le développement, Paris, Economica, 1998.

donner une description précise, à en dessiner les contours, à en percevoir les conséquences multiples. En premier lieu parce que le changement se poursuit au moment même où nous l'évoquons.

D'autant qu'un changement majeur de paradigmes brouille de surcroît nos repères. Les paradigmes du progrès et de la cohésion sociale sont discrètement abandonnés et remplacés respectivement par la communication et le marché [1]. L'impression générale est que le monde semble plongé dans le chaos.

Nous chevauchons cette grande transformation tout en ignorant où elle nous conduit. Quel sera le paysage politique, économique, social, culturel, écologique de la planète quand ce formidable tremblement de siècle prendra fin ? Nul, actuellement, ne paraît en mesure de le décrire.

C'est pourquoi, en de telles circonstances, une des questions importantes concerne la capacité des grands médias de masse à enrichir notre imaginaire, à créer des mythes d'aujourd'hui [2] : comment rendent-ils compte de cet univers en mutation ? quel récit proposent-ils du monde qui nous environne ? quels objets nous présentent-ils comme emblèmes du désarroi moderne ?

« Le mythe – écrit Roland Barthes – ne se définit pas par l'objet de son message, mais par la façon dont il le

---

1. *Cf.* Ignacio Ramonet, *Géopolitique du chaos*, Paris, Galilée, 1997.

2. *Cf.* Marshall McLuhan, « Mythes et media », *in D'œil à oreille*, Paris, Denoël-Gonthier, 1977.

profère. (...) Tout peut donc être mythe ? Oui, je le crois, car l'univers est infiniment suggestif. Chaque objet du monde peut passer d'une existence fermée, muette, à un état oral, ouvert à l'appropriation de la société, car aucune loi, naturelle ou non, n'interdit de parler des choses. (...) Évidemment, tout n'est pas dit en même temps : certains objets deviennent proie de la parole mythique pendant un moment, disparaissent, d'autres prennent leur place, accèdent au mythe. (...) Lointaine ou non, la mythologie ne peut avoir qu'un fondement historique, car le mythe est une parole choisie par l'histoire ; il ne saurait surgir de la “nature” des choses [1]. »

Ainsi, prenant appui sur l'histoire contemporaine, une « histoire en direct », lors de la guerre du Golfe, les médias nous ont proposé trois objets comme mythes de la fin d'un temps...

Surexciter le téléspectateur

Il n'est pas question ici, pour autant, de refaire l'analyse des mensonges médiatiques de la guerre du Golfe. De nombreux travaux ont été publiés, qui ont décrit et dénoncé les dérapements d'alors [2]. Nous l'avons déjà dit,

---

1. Roland Barthes, « Le mythe aujourd'hui », *in Œuvres complètes*, Paris, Le Seuil, 1993, p. 683-684.

2. *Cf.*, entre autres, Collectif, *Les Mensonges de la guerre du Golfe*, Paris, Arléa-Reporters sans frontières, 1992 ; et l'enquête de Chantal de Rudder, « Golfe, la grande manipulation », *Le Nouvel Observateur*, 6 juin 1991.

et nous le constatons à chaque nouvelle tempête médiatique, la télévision est un média de la simplicité ; par conséquent, toute surinformation entraîne quasi automatiquement une désinformation. L'avalanche de nouvelles – souvent creuses – retransmises « en temps réel » surexcite le téléspectateur (ou l'auditeur) et lui donne l'illusion de s'informer. Mais le recul montre, pratiquement chaque fois, que cela est un leurre.

Car décrire « en direct et en temps réel » un événement ne permet point au journaliste de prendre du recul, de se donner le temps de la réflexion, de la vérification, ni de comprendre tout simplement ce qui se passe sous ses yeux... Il hésite, interprète, brode et, *nolens volens*, trompe finalement les téléspectateurs. Imposer à l'information la vitesse de la lumière, c'est confondre information et actualité, journalisme et témoignage. Cela a conduit à de graves bévues. « La guerre du Golfe – affirme Paul Virilio – marque le début d'une interrogation décisive sur le règne de l'information immédiate : peut-on démocratiser l'ubiquité, l'instantanéité, l'immédiateté, qui sont justement les apanages du divin, autrement dit, de l'autocratie [1] ? »

Dès le début de la guerre du Golfe, les téléspectateurs éprouvèrent une vive insatisfaction en voyant les images du conflit que proposaient les chaînes. Un élément central manquait : la guerre elle-même. Devenue étrangement invisible, elle fut remplacée par toute une série

1. Paul Virilio, « Les démocraties, la vitesse et l'information », *in* Collectif, *Les Mensonges de la guerre du Golfe*, *op. cit.*

d'images de synthèse, de décevants substituts, de médiocres succédanés : documents d'archives, maquettes, cartes, récits d'experts militaires, débats, témoignages téléphoniques, bref, tout sauf la guerre, point aveugle d'un gigantesque dispositif mis en place précisément pour la filmer en gros plan...

Le masque à gaz

Mais les téléspectateurs attentifs se souviennent certainement que, tout au long de cette tragédie, trois objets, aux formes nettement identifiées, se sont imposés symboliquement, prenant vite valeur mythique.

Le premier fut le masque à gaz. Comme surgi du fin fond des peurs, il donne à celui qui le porte un visage d'hyménoptère, d'insecte inquiétant aux grands yeux globuleux et à la bouche-filtre. Il rappelle, surtout, l'archaïque hantise d'une mort invisible et inodore, comme une brume mortifère qui ensevelirait de son suaire venimeux les hommes et les armes, pour les fondre dans une masse au visage identique et terrifiant.

De ce point de vue, le masque à gaz a légitimement bouleversé des téléspectateurs conscients qu'une autre des grandes particularités de notre temps est la crise des idéologies des masses et la recherche par chacun, individus et communautés, de traits identificatoires fortement distinctifs.

Le masque à gaz a suscité une singulière frayeur en symbolisant la menace d'abolition du nouvel individu, pour le renvoyer du côté indistinct des multitudes, des foules sans visage, sans volonté, qui obéissent aux ordres d'une hiérarchie lointaine et omnisciente. Que le port du masque ait été rendu obligatoire en raison de la menace exercée par un régime autocratique et monopartiste (celui de M. Saddam Hussein) a confirmé l'idée qu'il était bien un objet venu du passé, d'avant la démocratie. Mais, en même temps, le masque n'a pas manqué d'exercer une fascination, chacun y voyant ce qui menace dans des démocraties devenues orwelliennes, que l'hypertrophie des médias fait imploser : le visage anonyme et multiple du citoyen sondé, surveillé, épié, massifié. Cet être abstrait, manipulé par les nouveaux maîtres du monde qui contrôlent son esprit et lui dictent, discrètement, sa conduite.

Le « furtif »

Un autre objet-mythe, fortement médiatisé lors de la guerre du Golfe, fut le bombardier américain *F117 A Stealth* dit le « Furtif ». Utilisé pour la première fois au cours de l'invasion du Panamá, en décembre 1989, cet avion secret sortait enfin de l'épais brouillard de mystère qui, depuis des années, l'enveloppait. On ne l'y avait alors en effet, et au sens propre du terme, pas *vu*. Dans le Golfe en revanche, on put constater qu'il ne ressemblait à aucun autre objet volant. C'est d'ailleurs sa forme originale et inédite (on le croirait échappé d'une bande dessinée de Batman...) qui en a fait, pour le téléspectateur, plus que ses performances techniques et ses prouesses guerrières, un objet captivant.

Cette forme est, on le sait, anguleuse et triangulaire. Opposée, en somme, à tous les autres objets volants ou roulants qui, soumis à de multiples tests aérodynamiques, ont pris des formes offrant la plus faible résistance à l'air, notamment celles d'animaux (poissons et oiseaux), dont les enquêtes éthologiques ont montré qu'ils savaient mouler leur corps pour pénétrer idéalement un fluide.

Le *Stealth* déroge donc à cette loi du design dynamique. Car il ne recherche pas tant la vitesse que l'invisibilité. Et pas n'importe laquelle : ce n'est pas à l'œil humain qu'il veut se dérober – même s'il ne vole que la nuit et est rigoureusement peint en noir –, mais plutôt aux instruments électroniques de repérage, aux radars. C'est à cet effet qu'a été dessinée sa ligne étrange, biscornue, à angles vifs. Bien entendu, de nombreux matériaux nouveaux – en particulier des céramiques et des plastiques de très haute résistance – entrent dans sa fabrication, toujours dans le même but de le rendre indétectable (les radars détectent plus facilement les métaux).

Le plus impressionnant est donc qu'en réalité il transgresse complètement un principe fondamental du design, que le Bauhaus a imposé au cours de ce siècle, selon laquelle un objet doit avoir, strictement, la forme de sa fonction, le reste n'étant que fioriture, impureté. Le bombardier *Stealth*, lui, n'a pas la forme de sa fonction. Il a la forme nécessaire pour que son écho radar soit nul...

À ce titre, il est, pour les instruments de repérage, aussi fascinant qu'une peinture en trompe-l'œil l'est pour le regard humain. Il pose aux créateurs de forme des problèmes aussi passionnants que les représentations anamorphosées en posaient aux admirateurs de certains peintres. On sait, par exemple, que, dans son tableau *Les Ambassadeurs* (1533), Hans Holbein Le Jeune a représenté une forme allongée, pâle, étrange qui ne devient lisible qu'à l'aide d'un miroir cylindrique posé sur la toile ; et l'on découvre alors qu'il s'agit d'un crâne de mort...

Aujourd'hui, certains objets – surtout des armes – sont fabriqués avec des matières et des formes qui leur permettent de traverser, sans les alerter, les portiques détecteurs de métaux dans les aéroports et autres lieux sous surveillance. L'invisibilité face aux machines à surveiller ou à détecter conditionne formes et matières de l'objet. Et non plus sa fonction, à moins de considérer que la fonction « positive » – à quoi sert l'objet ? – est de moindre importance par rapport à la fonction « négative » – comment ne pas être détruit ? La forme est, dans ce cas, condition de vie pour l'objet, sa fonction devient secondaire.

Alors que partout les machines à surveiller se multiplient – vidéosurveillance, systèmes sophistiqués d'alarme, écoutes de tout type, radars banalisés, satellites-espions, traces informatiques... –, peut-on imaginer la prochaine apparition d'objets « furtifs », virtuellement capables d'échapper à cette traque et faisant de cette performance leur qualité principale ? Sans se soucier d'une esthétique harmonieuse pour l'œil humain ?

Le « Furtif » incarne ici un mythe vieux comme Ulysse : cet espoir inconscient du citoyen, plus surveillé que jamais dans nos sociétés libres mais archi-informatisées, l'espoir de devenir à son tour furtif, ne pas laisser de trace, d'être invisible comme un fantôme, une âme, un esprit, et matériel comme un être vivant.

LE *PATRIOT*

Enfin, le troisième objet-mythe qui a attiré l'attention des téléspectateurs de la guerre du Golfe est sans doute le missile anti-missile *Patriot*. Ici, ce qui surprend de prime abord est la forme non héroïque de l'engin. Une batterie de tubes, banalement disposés à la manière des archaïques « orgues de Staline » de la seconde guerre mondiale. Rien qui ressemble à la panoplie futuriste des films de George Lucas, du type *La Guerre des étoiles*. Une forme minimaliste, matiériste, brute d'usinage comme si cette fois, contrairement au *F117*, l'efficacité de la fonction l'avait emporté sur toute autre considération.

Objet fascinant par son fonctionnement même et sa rapidité (quoique l'on sache à présent que la grande majorité des *Patriot* a raté sa cible) puisqu'il est directement relié à un satellite-espion qui détecte le lieu d'où va être lancé un missile (le préchauffage de celui-ci avant son lancement, à de très hautes températures, trahit sa position), repère son départ, sa vitesse, sa trajectoire et en avertit le *Patriot*.

Celui-ci, avec les renseignements fournis, établit sa propre vitesse et sa propre trajectoire pour intercepter le missile sur un point précis et le détruire. Objet littéralement futuriste puisqu'il est le résultat des recherches entreprises dans le cadre du programme dit de la « guerre des étoiles » et que l'on crut longtemps relever de l'imagination délirante d'un savant fou.

Mais la forme *arte povera*, non narrative, plus « high-tech » et décharnée qu'aucune autre, du *Patriot*, rend insoupçonnables toutes ces qualités. On pense surtout, en le voyant, à un objet encore inachevé, en phase d'expérimentation. Ou bien à une esthétique « sans design » « à la soviétique », comme certains engins spatiaux de la base de Baïkonour. Le *Patriot*, à ce titre, relève de cette famille des « formes crues » – par opposition aux « formes cuites » – dont font partie, pêle-mêle, les parkings souterrains aux piliers bruts de décoffrage, les échangeurs de banlieue, les *buggies* bricolés, la panoplie Mad Max...

Comme mythe, le *Patriot* nous renvoie à l'univers de *Blade Runner* où la modernité se conjugue avec la pénurie, la violence avec le dépouillement. Et où l'essentiel est d'exister, de survivre...

Dans cette guerre du Golfe, donc, trois médiamythes – le masque à gaz, le bombardier « Furtif », le *Patriot* – ont un point commun : celui de traiter de la survie. La survie de l'engin lui-même (*Stealth*) ou, dans les deux autres cas, la survie de ceux qui s'en servent. Comme si, en ce siècle finissant, la survie de l'humanité était devenue en quelque sorte un objectif mythique. Comme si des mythes nouveaux devenaient indispensables pour rendre cette fin de siècle acceptable. « En contant des mythes – écrit Pietro Citati –, l'homme, être inachevé, sauve l'humanité de son aspect fragmentaire [1]. »

Magies du virtuel

Ces trois mythes, que les médias ont imposés dans toute leur force emblématique durant la guerre du Golfe, traduisent-ils une vision pessimiste du monde ?

Il y a de quoi penser que oui. Et, particulièrement parce qu'ils appartiennent, tous trois, à un univers hybride et inédit, où les dispositifs de visualisation et d'interaction multisensoriels se développent et nous contraignent à regarder notre environnement avec un œil neuf. Déjà, grâce au progrès de l'imagerie numérique, des « environnements virtuels » peuvent être créés. Des images de synthèse conduisent les *Patriot* ou les *Stealth*, mais *également* ces bombes à guidage laser que la télévision a montrées à profusion pour accréditer l'idée (finalement fausse) de la « frappe chirurgicale ».

Les machines cérébralisées – grâce à l'inclusion de circuits intégrés – et maintenant dotées de vision, se multiplient. Leur prolifération, en bouleversant la perception

1. Pietro Citati, *La Lumière de la nuit. Les grands mythes dans l'histoire du monde,* Paris, L'Arpenteur, 1998.

du réel, pose des problèmes nouveaux. Les contours qui définissent le monde réel sont repoussés jusqu'à des limites qui donnent le vertige. En nous plongeant – par la vision et par les sensations – dans un environnement virtuel créé grâce à des images de synthèse, les techniques nouvelles modifient notre perception du monde et bousculent nos repères les plus solides.

Si le *Patriot*, par exemple, s'appelle ainsi, est-ce un hasard ? N'est-ce pas pour nous dire qu'au milieu de tant de bouleversements, il convient de s'accrocher à une « valeur sûre » : le patriotisme ? Tous ces signes, ces symptômes de la grande mutation actuelle doivent alerter les citoyens, sans quoi la raison vacille, poussant certains à se raccrocher à ce que les ethnologues appellent la « pensée magique ».

Est-ce encore un hasard si, à notre époque de grande technicité, horoscopes et jeux de hasard fleurissent partout, si l'astrologie et autres chiromancies se portent si bien ? Devant l'avancée insolite du progrès scientifique, le citoyen effrayé est tenté par l'irrationnel, par la pensée régressive. Le retour aux « valeurs sûres » et archaïques : patriotisme (et surtout ses dérivés extrêmes, le nationalisme et le chauvinisme), fondamentalismes religieux, fanatisme néolibéral...

C'est aussi cela, ces passions exaspérées, que la guerre du Golfe a fait exploser. Elles prouvent la profondeur du désarroi contemporain.

Nouveaux empires

Magnat des médias d'Australie (il y possède une centaine de journaux ainsi que plusieurs chaînes de radio et de télévision), M. Rupert Murdoch s'est rendu célèbre au milieu des années 80 en brisant, avec le ferme soutien du gouvernement de Mme Margaret Thatcher, les syndicats des ouvriers du Livre, très liés au Parti travailliste. Aujourd'hui, cet homme possède le tiers du tirage des quotidiens britanniques avec, notamment, *The Sun* (quatre millions d'exemplaires chaque jour), l'autrefois prestigieux *The Times,* et les journaux dominicaux *News of the World* et *Sunday Times.* Et cela ne représente qu'une petite partie de l'empire News Corporation (10 milliards de dollars de chiffre d'affaires) puisqu'au Royaume-Uni, il contrôle également 40 % du capital de British Sky Broadcasting (BSkyB), réseau de télévision payante par satellite et par câble, sans concurrent local (qui est, avec ses 6 millions d'abonnés, une des sociétés les plus rentables de la Bourse de Londres), ainsi que le premier bouquet de télévision numérique par satellite en

Grande-Bretagne. Et son groupe a lancé, en septembre 1998, une offre publique d'achat (OPA) dans le but de prendre le contrôle du célèbre et très rentable club de football Manchester United.

L'Europe représente 40 % du marché des médias, les États-Unis 40 %, et le reste du monde 20 %. Aussi M. Murdoch considère que le développement de ses activités en Europe est essentiel. En France, il s'est associé à TF1, en novembre 1998, pour créer au premier semestre 2000 une chaîne généraliste destinée à un public jeune. En Italie, il a l'intention de lancer, avec Telecom Italia, un bouquet satellitaire numérique. En Allemagne, il possède une participation de 49,9 % dans la chaîne Vox, il négocie une alliance avec le groupe Leo Kirch, et souhaite entrer dans le capital de la chaîne payante Première.

News Corporation, dont M. Rupert Murdoch possède 30 % des actions, est l'exemple type de l'empire multimédia contemporain. Aux États-Unis, il contrôle les éditions Harper & Collins (550 millions de dollars de bénéfices en 1995) [1], le quotidien *New York Post,* plusieurs magazines, la société de production Twentieth Century Fox (qui a, entre autres, produit le film *Titanic* et la série télévisée *X-Files*), le réseau de télévision Fox Network, une chaîne câblée populaire, FX, une autre, la Fox News Channel d'information en continu (qui rivalise avec la CNN du groupe Time-Warner, et avec MSNBC, créée par Microsoft et la chaîne NBC de General Electric) ; mais,

1. *Cf.* le dossier « The Crushing Power of Big Publishing », dans *The Nation,* New York, 1er mars 1997.

aussi, une entreprise de marketing et de promotion, Heritage Media, ainsi que plusieurs dizaines de sites Web sur Internet.

Dans le domaine du numérique, M. Rupert Murdoch vient en outre d'investir un milliard de dollars pour proposer aux téléspectateurs américains, en alliance avec Echostar et la compagnie téléphonique MCI, un bouquet de plus de deux cents chaînes. Et il a l'intention d'investir sur Internet. « À condition de ne pas y aller trop tôt. Sur les cent quarante firmes qui ont levé des capitaux au démarrage de l'automobile – rappelle-t-il –, aucune n'a survécu [1]. »

Enfin, en partenariat avec les sociétés japonaises Sony et Softbank, il a également mis sur pied le projet de télévision par satellite Japan Sky Broadcasting. Son groupe est déjà propriétaire d'une chaîne de télévision par satellite, Star TV, diffusant plusieurs dizaines de programmes en direction du Japon, de la Chine (notamment par le biais de Phœnix TV, basée à Hong Kong), de l'Inde, du Sud-Est asiatique et de l'Est africain. Son empire est tellement puissant, à l'échelle mondiale, que Citizen Murdoch a inspiré le rôle du méchant dans le dernier James Bond, *Demain ne meurt jamais* (1997), dans lequel un empereur des médias est prêt à déclencher une guerre en Chine pour la diffuser en exclusivité sur ses chaînes.

La recherche prioritaire du profit et la profusion d'alliances sans frontières, de fusions et de concentrations, dont M. Rupert Murdoch est un architecte exem-

1. *Le Monde*, 5 décembre 1998.

plaire, tout comme les groupes Time-Warner, Disney-ABC, Bertelsmann [1], etc., caractérisent l'univers actuel des médias.

La société de l'information globale

À l'heure de la mondialisation de l'économie, de la culture globale (*world culture*) et de la « civilisation unique », se met en place ce que certains appellent la « société de l'information globale », dont le développement est à la mesure de l'expansion des technologies de l'information et de la communication. Une « infrastructure de l'information globale » se déploie à l'échelle de la planète comme une immense toile d'araignée, profitant notamment des progrès en matière de numérisation, et favorisant l'interconnectivité de tous les services liés à la communication et à l'information.

L'explosion des performances informatiques, ajoutée à la révolution numérique, favorise l'émergence d'un nouveau type de société dans laquelle, explique le professeur Jacques Lesourne, « ce n'est pas seulement le corps de l'homme qui a une prothèse, mais son néo-cortex, c'est-à-dire son intelligence puisque les calculateurs peuvent déduire, créer, inventer des êtres virtuels et les doter

1. Bertelsmann, groupe allemand, troisième géant mondial de la communication, a acheté en 1998 la maison d'édition américaine Random House. *Cf.* Odile Benyahia-Kouider, « Bertelsmann conquiert le monde », *Libération,* 26 septembre 1998.

d'aptitudes et de préférences. Contrairement aux machines d'hier, les prothèses intellectuelles d'aujourd'hui ne sont pas spécialisées, même si elles peuvent le devenir par apprentissage. Le transfert à l'ordinateur de propriétés du néo-cortex humain permet de confier à la machine de nombreuses décisions réservées jadis aux individus. (...) L'information circule quasi instantanément quelle que soit la distance, et elle se stocke indéfiniment, avec des coûts dérisoires dans les deux cas [1] ». Cela stimule en particulier l'imbrication des trois secteurs technologiques – informatique, téléphonie et télévision – qui convergent et se fondent dans le multimédia et Internet.

Il existe aujourd'hui, à travers le monde, quelque 1 260 millions de téléviseurs dans les foyers (dont plus de 250 millions câblés et environ 70 millions branchés sur un bouquet numérique), 700 millions d'individus abonnés au téléphone (dont quelque 80 millions au téléphone cellulaire), et environ 200 millions d'ordinateurs personnels (dont 30 millions connectés à Internet). On estime qu'entre 2000 et 2005 la puissance du réseau Internet dépassera celle du téléphone, que le nombre de ses utilisateurs oscillera entre 600 millions et 1 milliard, et que la Toile (le Web) comptera plus de 100 000 sites commerciaux [2].

---

1. Jacques Lesourne, « Penser la société d'information », *Réseaux*, n° 81, janvier-février 1997.

2. *La Correspondance de la presse*, 27 février et 11 mars 1997. *Cf.* aussi Dan Schiller, « Les marchands à l'assaut d'Internet », *Le Monde diplomatique*, mars 1997.

Les dépenses mondiales en technologies de l'information devraient augmenter, en moyenne, de 9,6 % par an jusqu'en 2002, pour atteindre plus de 1 100 milliards de dollars, selon une étude d'International Data Corporation. Cette progression se fera grâce à une forte croissance dans les domaines des logiciels, des services et des communications de données. Le marché des technologies de l'information représentait 720,5 milliards de dollars en 1997, une augmentation de 6,3 % par rapport à 1996. Le chiffre d'affaires des industries mondiales de l'information et de la communication, au sens large, qui était de 1 000 milliards de dollars en 1995, pourrait s'élever dans cinq ans à plus de 2 000 milliards de dollars, représentant ainsi 10 % de l'économie mondiale [1].

Les géants industriels de l'informatique, de la téléphonie et de la télévision savent que les profits du futur se trouvent dans ces gisements nouveaux qu'ouvre devant leurs yeux fascinés et cupides la technologie du numérique. Mais ils savent aussi que, désormais, leur territoire n'est plus balisé, et moins encore protégé, et que c'est avec des instincts carnassiers que les mastodontes des secteurs voisins lorgnent sur lui. La guerre, dans le champ de la communication, se livre donc sans merci et sans quartier. La firme qui s'occupait de téléphone veut faire de la télévision, et vice versa ; toutes les entreprises de réseau, en particulier les vendeurs de flux et possesseurs d'un maillage communicationnel (électricité, téléphonie,

1. *La Repubblica*, 19 février 1997.

eau, gaz, chemins de fer, sociétés d'autoroutes, etc.), aspirent à contrôler une part du nouvel Eldorado qu'est le multimédia.

D'un bout à l'autre de la planète, les combattants de cette guerre sont les mêmes, les firmes géantes devenues les nouveaux maîtres du monde : AT&T (qui domine la téléphonie planétaire), le duo MCI-BT (respectivement deuxième réseau téléphonique américain et ex-British Telecommunications), Sprint (troisième opérateur longue distance américain), Cable & Wireless (qui contrôle notamment Hongkong Telecom), Bell Atlantic, Nynex, US West, Viacom, TCI (le plus important distributeur de télévision par câble), NTT (premier groupe de téléphonie japonais), Disney (qui a racheté le réseau de télévision ABC), Time-Warner (qui possède la chaîne d'information en continu planétaire CNN), Bertelsmann, la News Corp. de M. Rupert Murdoch, IBM, Microsoft (qui domine le marché des logiciels informatiques), Sony, General Electric (qui a racheté le *network* NBC) Westinghouse (qui a racheté CBS), America Online (AOL, qui a racheté Netscape), Intel, etc.

Fusions et concentrations

En Europe, toutes les batailles se livrent entre des groupes dont les intérêts sont croisés et les prises de participation réciproques multiples : News Corp., Pearson (*The Financial Times*, Penguin Books, BBC Prime, *Les Échos*), Bertelsmann, Léo Kirch, CLT (RTL), Deutsche

Telekom, Telecom Italia (premier groupe de téléphonie italien), Telefonica, Prisa (premier groupe de communication espagnol), France Télécom, Bouygues, Lyonnaise des eaux, Vivendi (ex-Générale des eaux) qui domine désormais Canal Plus et Havas, Matra-Hachette (du groupe Lagardère), etc. Pour la seule année 1993, il y a eu en Europe 895 fusions de sociétés de communication...

Dans cette mutation du capitalisme, la logique dominante n'est pas l'alliance, mais l'absorption : dans un marché qui fluctue au gré d'imprévisibles accélérations technologiques ou de surprenants emballements des consommateurs (*cf.* le boom d'Internet), l'enjeu est en effet de tirer profit du savoir-faire des mieux placés. Au cœur de la nouvelle donne se trouve le flux sans cesse croissant de données : conversations, informations, transactions financières, images, signes de tous ordres, etc. Sont concernés par ces flux, d'une part, les médias qui produisent les données – édition, agences de presse, journaux, cinéma, radio, télévision, sites Web, etc. – et, d'autre part, les systèmes des télécommunications et des ordinateurs qui les transportent, les traitent et les élaborent.

Les télécommunications de base (téléphone et fax) représentent un marché de 525 milliards de dollars, en croissance de 8 à 12 % par an, et constituent l'un des secteurs les plus rentables du commerce mondial. En 1985, les usagers avaient consacré aux télécommunications (pour parler, faxer ou expédier des données), à l'échelle mondiale, 15 milliards de minutes ; en

1995, ce temps atteignait 60 milliards de minutes ; et, en 2000, il dépassera les 95 milliards de minutes [1]. Ces chiffres, mieux que toute autre argumentation, expliquent les formidables enjeux de la libéralisation des communications [2].

Le secteur des technologies de l'information est devenu, en 1998, avec 4,3 millions d'emplois, le deuxième employeur aux États-Unis (après le secteur médical, mais avant l'automobile). Le département américain du Commerce estime à 95 000 emplois par an les besoins des industries de l'information contre seulement 25 000 spécialistes formés aux États-Unis chaque année. « La croissance de la demande est tellement forte – affirme M. Christopher Nick, auteur d'un rapport publié par l'Association américaine des industries électroniques – qu'il n'y a tout simplement plus assez de personnel qualifié disponible pour faire ce travail [3] ! »

L'objectif visé par chacun des titans de la communication est de devenir l'interlocuteur unique du citoyen. Ils veulent pouvoir lui fournir, aussi bien, des nouvelles, des données, des loisirs, de la culture, des services professionnels, des informations financières et économiques ; et le mettre ainsi en état d'interconnectivité par tous les moyens de communication disponibles – téléphone, modem, fax, visio-câblage, téléviseur, Internet.

1. *Time*, 9 décembre 1996.

2. *Cf.*, à cet égard, le film *Quelques choses de notre histoire* (1998), réalisé par Jean Druon.

3. *Libération*, 21 novembre 1997.

C'est avec ces velléités que le consortium Iridium (qui regroupe notamment, autour de Motorola, les firmes Sprint, Lockheed, McDonnell Douglas et Vebacom) a lancé, entre le 5 mai 1997 et le 17 mai 1998, 66 satellites de télécommunications numériques à basse orbite (c'est-à-dire à une distance de 777 kilomètres de la Terre), qui enveloppent désormais la planète d'un filet virtuel, ne laissent aucun millimètre carré de notre planète hors de leur portée et permettent de créer un réseau de téléphonie cellulaire couvrant, de manière homogène, la totalité de la Terre.

Et il ne s'agit pas d'un cas isolé puisque, dès 2000, un projet concurrent, Globalstar, devrait être opérationnel avec 48 satellites en orbite à 1 400 kilomètres de la Terre. Mais d'autres programmes sont à l'étude : Skybridge, qui devrait mettre sur orbite 80 satellites d'ici à 2001, et Télédésic, qui prévoit d'envoyer 288 satellites dans l'espace en 2003 [1]. Et des dizaines d'autres projets de « constellations satellitaires » envisagent le lancement, dans les cinq ans à venir, de quelque 1 000 satellites [2] ! « Le satellite – affirme M. Paul Sourisse, président de Skybridge, projet piloté par Alcatel – est une solution qui nous permet de raccorder l'usager directement et de lui offrir des connexions jusqu'à vingt mégabits par seconde, soit de cinquante à cent fois la vitesse du réseau téléphonique actuel. »

Tout cela ne manque pas de mettre en état d'euphorie

---

1. *L'Express*, 10 septembre 1998.
2. *La Tribune*, 8 janvier 1998.

totale les fabricants et les exploitants de fusées de lancement, auxquels appartiennent les Européens d'*Ariane*, entraînés eux aussi dans la bataille planétaire pour le contrôle de la communication.

Le « libre flux de l'information »

Ces infrastructures n'ont, bien sûr, d'utilité qu'à la condition que les communications puissent circuler sans entraves à travers la planète. C'est pourquoi les États-Unis (premiers producteurs de technologies nouvelles et siège des principales firmes) ont, à la faveur de la mondialisation de l'économie, pesé de tout leur poids dans la bataille de la déréglementation : ouvrir les frontières du plus grand nombre de pays au « libre flux de l'information » revenait à favoriser les mastodontes américains des industries de la communication et des loisirs [1].

Trois conférences internationales – Buenos Aires, 1994 ; Bruxelles, 1995 ; et Johannesburg, 1996 – ont permis au président William Clinton, et surtout à son vice-président Albert Gore, de populariser auprès des principaux responsables politiques mondiaux leurs thèses sur la « société d'information globale ». C'est Washington encore qui, lors des débats de clôture du cycle de

1. *Cf.* Armand Mattelart, « Les nouveaux scénarios de la communication mondiale », *Le Monde diplomatique,* août 1996 ; et aussi *La Mondialisation de la communication,* Paris, PUF, coll. « Que sais-je ? », 1996.

négociations Uruguay du GATT, en 1993, a fait avancer l'idée que la communication doit être considérée comme un simple « service » et donc, à ce titre, être régie par les règles générales du commerce.

En novembre 1996 à Manille, lors du quatrième sommet de l'APEC (Coopération économique Asie-Pacifique), les États-Unis ont enfin obtenu, à l'échéance de l'an 2000, l'ouverture des marchés des pays de cette région aux technologies de l'information [1]. La démarche était similaire quand, à Singapour, en décembre 1997, la réunion ministérielle de l'Organisation mondiale du commerce (OMC) recommandait une « entière libéralisation de l'ensemble des services de télécommunications sans aucune restriction générale ». Plus récemment encore, le 15 février 1998 à Genève, sous l'égide de l'OMC, un accord sur les télécommunications signé par soixante-huit pays a ouvert, notamment aux grands opérateurs américains, européens et japonais, les marchés nationaux de dizaines de pays.

On sait que l'Union européenne a décidé de son côté l'entière libéralisation des marchés du téléphone – sans distinction entre les divers supports, câble, radio ou satellite – depuis le 1er février 1998. En prévision de concurrences féroces à l'intérieur de chaque marché national, les monopoles ont été peu à peu démantelés et les opérateurs publics privatisés entièrement ou partiellement. British Telecommunications, devenue BT, ainsi que Telefonica (Espagne), l'ont déjà été. France Télécom a,

1. *Le Monde*, 26 novembre 1997.

de son côté, mis sur le marché une partie de son capital, et renforce son partenariat avec l'opérateur public allemand Deutsche Telekom, qui sera lui aussi privatisé après l'an 2000. Les deux opérateurs se sont par ailleurs alliés à l'américain Sprint (dont ils possèdent chacun 10 % du capital) et pourraient se rapprocher du britannique Cable & Wireless qui envisage l'acquisition de 80 % du capital de Sprint [1].

Une compétition féroce

Ainsi, à l'heure où s'effondrent les monopoles nationaux, une course s'engage où chacun poursuit deux objectifs principaux, devant permettre sa survie dans le marché planétaire : atteindre une taille suffisante, d'une part, et se diversifier dans tous les secteurs de la communication, d'autre part. Dans cette atmosphère de compétition implacable, tous les coups sont permis : « Chaque fois que je discute avec les grands du téléphone – a déclaré M. Louis Gallois, président de la Société nationale des chemins de fer français, SNCF –, j'ai l'impression d'entrer dans la cage aux fauves [2]. »

Les violentes confrontations suscitées par l'arrivée de bouquets concurrents de télévision numérique en 1996-1997 ont très bien traduit cette ambiance. En Espagne, cela a même donné lieu à un affrontement, brutal et

1. *La Tribune*, 20 mars 1997.
2. *Le Nouvel Observateur*, 20 février 1997.

direct, entre le gouvernement conservateur de M. José Maria Aznar – qui, pour se maintenir au pouvoir, souhaitait se constituer un groupe multimédia influent – et le principal groupe de communication, Prisa (*El País*, radio SER) allié à Canal Plus et à CNN [1].

En France également, une véritable guerre a opposé les partenaires de Télévision par satellite (TPS) et ceux de Canal satellite [2]. Le 6 février 1997, la Générale des eaux prenait le contrôle de Havas et de Canal Plus, avec l'objectif de « réunir à l'intérieur d'un seul groupe de communication toutes les compétences nécessaires à son développement, notamment international » et de créer « un groupe intégré de communication de taille mondiale [3] ». La Générale, devenue Vivendi (qui contrôle, entre autres, les magazines *L'Express*, *Courrier international*, *L'Expansion* ; et les maisons d'édition Laffont, Presses de la Cité, Pocket, 10/18, Fleuve Noir, Larousse, Bordas, Robert), a, en outre, conforté sa seconde place dans la téléphonie française en devenant, le 12 février 1997, partenaire de la SNCF, dont elle a racheté, par le biais de sa filiale Cégétel (alliée de British Telecom) une partie du réseau des 26 000 kilomètres de lignes téléphoniques (dont 8 600 en fibres optiques).

---

1. *Le Monde*, 8 mars 1997.
2. *Cf.* David Barroux et Marc Nexon, « Numérique : Canal Plus et TF1 sont contraints à la guerre totale », *L'Expansion*, 11 septembre 1998.
3. *Cf.* Laurent Neumann, « Havas, les dessous d'un putsch », *Marianne*, 8 septembre 1998.

Maîtriser toute la chaîne

Peu de temps encore avant que cela n'arrive, M. Jean-Marie Messier, patron de Vivendi, n'envisageait nullement un rapprochement avec Havas. À quoi a donc tenu ce changement d'avis ? « J'avais sous-estimé, répond-il, la rapidité de la convergence entre les industries des télécoms et celles de la communication. Il y aura bientôt un seul point d'entrée dans la maison, pour l'image, la voix, le multimédia, et l'accès Internet. Cette évolution est déjà en route : dans douze à dix-huit mois, elle sera une réalité commerciale. Cette accélération m'a amené à conclure qu'il faut être capable, pour conserver les marges, de maîtriser toute la chaîne : contenu, production, diffusion et lien avec l'abonné [1]. »

« Maîtriser toute la chaîne », telle est en effet l'ambition des nouveaux colosses des industries de l'information, qui, pour y parvenir, continuent de multiplier les fusions, les acquisitions et les concentrations [2]. Dans leur logique, la communication est en premier lieu une marchandise qu'il s'agit de produire massivement, la quantité l'emportant sur la qualité. « C'est la fin de l'époque du premier bouton – explique M. Jean Stock, directeur en charge des activités audiovisuelles d'Havas – où cela

1. *Le Monde*, 8 février 1997.

2. *Cf.* le dossier « Télévision, les nouvelles règles du jeu », *L'Expansion*, 11 septembre 1997.

représentait un avantage concurrentiel énorme d'être sur les premiers boutons de la télécommande. Chacun aura désormais, en quelque sorte, à sa portée, un vidéostore, où il piochera ce qu'il veut [1]. »

En trente ans, le monde a produit plus d'informations qu'au cours des 5 000 précédentes années... Un seul exemplaire de l'édition dominicale du *New York Times* contient plus d'informations que ne pouvait en acquérir, durant toute sa vie, une personne cultivée au XVIIIe siècle. Chaque jour, également, environ 20 millions de mots d'informations techniques sont imprimés sur divers supports (revues, livres, rapports, disquettes, CD-Rom). Même un lecteur capable de lire mille mots par minute, huit heures par jour, aurait besoin d'un mois et demi pour lire les informations diffusées en une seule journée. Après quoi, il aurait accumulé un retard de cinq ans et demi de lecture... Le projet humaniste de tout lire, de tout savoir, est devenu illusoire et vain. Un nouveau Pic de La Mirandole [2] mourrait asphyxié sous le poids des informations disponibles.

Longtemps rare et onéreuse, l'information est devenue pullulante et prolifique ; certes de moins en moins chère, au fur et à mesure que son débit augmente, elle est néanmoins de plus en plus contaminée.

Alors que les passerelles, les ramifications et les fusions

---

1. « Télévision, les nouvelles règles du jeu », *L'Expansion*, 11 septembre 1997.

2. Jean Pic de La Mirandole (1463-1494), savant italien de la Renaissance qui se distingua par l'étendue de ses connaissances.

entre grands groupes de communication se multiplient dans une atmosphère de compétition impitoyable, comment être sûr que l'information fournie par un média ne visera pas à défendre, directement ou indirectement, les intérêts du conglomérat auquel il appartient plutôt que ceux du citoyen ?

Ainsi, le comportement de certains médias pendant la guerre du Golfe fut davantage dicté par la fidélité au propriétaire que par le respect de l'information. « Les médias américains ont l'œil sur le taux d'audience – analyse le professeur Mark Cristin-Miller. Ils cherchent toujours ce qui suscite la réaction populaire la plus facile, ce qui est patriotique dans le pire sens du terme. Ils tendent à réfréner toute voix dissidente. En 1991, on voyait parfois les opposants à la guerre, mais on ne les entendait jamais parler devant une caméra. Ces médias appartiennent à de grands conglomérats, dont certains ont un intérêt dans l'industrie de guerre. La chaîne NBC est la propriété de General Electric, un des principaux fournisseurs de l'armée. En 1991, ce n'était pas un hasard, NBC avait le ton le plus guerrier... [1]. »

Publicitaires et annonceurs exercent aussi sur les médias une influence indéniable et perverse. On a pu le constater lorsque, aux États-Unis, les producteurs de l'émission d'information *60 Minutes*, réputée la plus sérieuse du réseau CBS, réalisèrent un documentaire pour dénoncer les compagnies de tabac. Il y était démontré qu'elles trichaient sur le taux de nicotine inscrit sur les

1. *Le Monde*, 22 février 1998.

paquets de cigarettes, favorisant ainsi la plus grande accoutumance des fumeurs. Mais ce document ne fut pas diffusé, la chaîne CBS censura l'émission. On comprit par la suite que deux raisons avaient motivé sa décision. D'abord, elle refusait de se lancer dans un long procès avec les compagnies de tabac qui aurait fait baisser la valeur de son action en bourse à la veille de sa fusion avec le groupe Westinghouse ; ensuite, une de ses filiales, Loews Corporation, possédait la société Lorillard, productrice de cigarettes... Les intérêts du capital et de l'entreprise l'emportèrent haut la main sur la santé du public.

Trois mois auparavant, le réseau ABC avait connu semblable mésaventure. Ayant accusé Philip Morris, dans le programme *Day One*, de manipuler les taux de nicotine, la chaîne fut menacée, par le fabricant de tabac, d'un procès et d'une demande de paiement de dommages et intérêts s'élevant à 15 milliards de dollars. Or, ABC étant, elle aussi, sur le point d'être rachetée par Disney, le procès aurait risqué de faire baisser sensiblement sa valeur en bourse. La chaîne opta donc pour un rectificatif public qui, tout en insultant la vérité, lavait le fabricant de tout soupçon.

Autre cas : le quotidien américain *Cincinatti Enquirer*, avait publié, le 3 mai 1998, une enquête de son meilleur reporter, Michael Gallagher, « Les secrets de Chiquita mis à nu », sur les pratiques douteuses de la plus grande société bananière du monde, Chiquita Brands International (ex-United Fruit), mettant en relief « l'utilisation systématique de pesticides dans les plantations, la corruption massive de hauts responsables en Colombie, la destruction au Honduras de villages suspects d'abriter des syndicalistes, et la création de dizaines de sociétés fictives utilisées comme pions dans la bataille commerciale qui fait rage entre les États-Unis et l'Union européenne [1] ». Mais le patron de Chiquita, le milliardaire Carl Lindner, fit pression sur le groupe Gannet, propriétaire de l'*Enquirer*, avec d'autant plus d'efficacité que M. Lindner était le principal actionnaire du quotidien et qu'il avait vendu ses parts précisément à Gannet. Résultat : Michael Gallagher a été licencié, l'*Enquirer* a retiré l'article de son site Internet et s'est excusé auprès de ses lecteurs d'avoir publié cette enquête (qualifiée pourtant, par des observateurs compétents d'« absolument exacte »), et enfin, pour éviter des poursuites judiciaires, a versé plus de 10 millions de dollars à Chiquita...

Tandis que s'entrechoquent des géants pesant plusieurs milliards de dollars, comment pourrait survivre une information indépendante ? Dans un monde de plus en plus piloté par des entreprises colossales qui obéissent à la loi du business et aux seules logiques commerciales, et où tant de gouvernements semblent passablement débordés par les mutations en cours, comment être certains que nous ne sommes pas médiatiquement manipulés ?

---

1. Patrick Sabatier, « L'*Enquirer,* quotidien américain, se banane », *Libération*, 6 juillet 1998.

Pour conclure : s'informer fatigue

La presse écrite est en crise. Elle connaît, en France, aux États-Unis et ailleurs, une baisse notable de sa diffusion et souffre gravement d'une perte d'identité. Pour quelles raisons, et comment en est-on arrivé là ? Indépendamment de l'influence certaine du contexte économique, il faut chercher les causes profondes de cette crise dans la transformation qu'ont connue, au cours de ces dernières années, quelques-uns des concepts de base du journalisme.

En premier lieu, l'idée même d'information. Récemment encore, informer c'était, en quelque sorte, fournir non seulement la description précise – et vérifiée – d'un fait, d'un événement, mais également un ensemble de paramètres contextuels permettant au lecteur de comprendre sa signification profonde. C'était répondre à des questions de base : qui a fait quoi ? Quand ? Où ? Comment ? Pourquoi ? Avec quels moyens ? Dans quelles circonstances ? Et quelles en sont les conséquences ?

Sous l'influence de la télévision, qui occupe désormais, dans la hiérarchie des médias, une place dominante et répand son modèle, cela a changé. Le journal télévisé, grâce notamment à son idéologie du direct et du temps réel, a imposé peu à peu une conception radicalement différente de l'information. Informer c'est, désormais, « montrer l'histoire en marche » ou, en d'autres termes, faire assister (si possible, en direct) aux événements.

Il s'agit, en matière d'information, d'une révolution copernicienne dont on n'a pas fini de mesurer les conséquences. Car cela suppose que l'image de l'événement (ou sa description) suffit à lui donner toute sa signification. À la limite, le journaliste lui-même est de trop dans ce face à face téléspectateur/histoire. L'objectif prioritaire, pour le téléspectateur, sa satisfaction, n'est plus de comprendre la portée d'un événement, mais tout simplement de le regarder se produire sous ses yeux. Cette coïncidence est considérée comme jubilatoire.

Ainsi s'est rétablie, petit à petit, l'illusion que voir c'est comprendre. Et que tout événement, aussi abstrait soit-il, doit impérativement présenter une face visible, montrable, télévisable. C'est pourquoi on observe une emblématisation de plus en plus fréquente d'événements à caractère complexe. Par exemple, toute la portée des accords Israël-OLP aura été ramenée à la poignée de main Rabin-Arafat.

Par ailleurs, une telle conception de l'information conduit à une affligeante fascination pour les images, « tournées en direct », d'événements palpitants, de scènes violentes et de faits-divers sanglants. Cette demande encourage l'offre de faux documents, de reconstitutions, de manipulations et de « bidonnages ». Conséquences : information et divertissement tendent à se confondre ; les journaux de référence s'alignent de plus en plus souvent sur les tabloïds.

Un autre concept a changé : celui d'actualité. Qu'est-ce que l'actualité désormais ? Quel événement faut-il privilégier dans le foisonnement de faits qui surviennent à travers le monde ? En fonction de quels critères choisir ? Là encore, l'influence de la télévision apparaît déterminante. C'est elle, avec l'impact de ses images, qui impose son choix et contraint pratiquement la presse écrite à suivre. La télévision construit l'actualité, provoque le choc émotionnel et condamne les faits orphelins d'images à l'indifférence et au silence.

Peu à peu s'établit dans les esprits l'idée que l'importance des événements est proportionnelle à leur richesse en images. Ou, pour le dire autrement, qu'un événement que l'on peut montrer (en direct et en temps réel) est plus fort, plus éminent que celui qui demeure invisible et dont l'importance est abstraite. Dans le nouvel ordre des médias, les paroles ou les textes ne valent pas des images.

Le temps de l'information a également changé. Internet raccourcit le cycle de l'information. La scansion optimale des médias est maintenant l'instantanéité (le temps réel), le *live*, que seules télévision et radio peuvent pratiquer. Cela vieillit la presse quotidienne, forcément en retard sur l'événement et, à la fois, trop près de lui pour parvenir à tirer, avec suffisamment de recul, tous les enseignements de ce qui vient de se produire. La presse écrite quotidienne est ainsi contrainte de se rabattre de plus en plus sur le local, le *people* et les « affaires ».

Un quatrième concept s'est modifié. Celui, fondamental, de la véracité de l'information. Désormais, un fait est vrai non pas parce qu'il obéit à des critères objectifs, rigoureux et recoupés à la source, mais tout simplement parce que d'autres médias répètent les mêmes affirmations et « confirment »... La répétition se substitue à la démonstration. L'information est remplacée par la confirmation. Si la télévision (à partir d'une dépêche ou d'une image d'agence) présente une nouvelle et que la presse écrite, puis la radio la reprennent, cela suffit pour la créditer comme vraie. C'est ainsi, on l'a vu, que furent construits les vrais-faux du « charnier » de Timişoara et tous ceux de la guerre du Golfe et de Bosnie. Les médias ont de plus en plus de mal à distinguer, structurellement, le vrai du faux. Là aussi, Internet aggrave les choses, car le pouvoir de publier est désormais décentralisé, toute rumeur, vraie ou fausse, devient de l'information, et les contrôles, effectués naguère par la rédaction en chef, volent en éclats.

Dans ce bouleversement médiatique, il est vain de vouloir analyser la presse écrite en l'isolant des autres moyens d'information. D'autant que, contrairement à toute autre industrie où la concurrence contraint chacun à proposer des produits différents, dans l'industrie médiatique elle pousse les journalistes à faire preuve de mimétisme, à consacrer tout leur talent à répéter la même histoire, à traiter la même affaire qui mobilise, au même moment, tous les médias. « Il suffit maintenant qu'une information soit balancée pour qu'elle soit reprise par tout le monde », affirme Benoît Delépine, ancien des *Guignols de l'info*, de Canal Plus, et auteur du film *Michael Kael contre la Word News Company.* « Je croyais vivre dans une société informée, mais l'information est modelée par des tactiques de séduction qui nous détournent nécessairement de la vérité [1]. »

Les journalistes se répètent, s'imitent, se copient, se répondent et s'emmêlent au point de ne plus constituer qu'un seul système informationnel au sein duquel il est de plus en plus ardu de distinguer les spécificités de tel média pris isolément. Et l'irruption d'Internet a encore renforcé cette imbrication.

Information et communication tendent à se confondre. Trop de journalistes continuent de croire que leur profession est la seule à produire de l'information quand toutes les institutions et organisations de la société se sont mises frénétiquement à faire la même chose. Il n'y a pratiquement plus d'organisme (administratif, militaire, économique, culturel, social, etc.) qui ne se soit doté d'un service de communication et qui n'émette, sur lui-même et sur ses activités, un discours pléthorique et élogieux. À cet égard, tout le système, dans les démocraties cathodiques, est devenu rusé et intelligent, tout à fait capable de manipuler astucieusement les médias, les journalistes, et de résister savamment à leur curiosité.

De surcroît, la concurrence effrénée entre groupes

1. *Le Monde*, 22 février 1998.

médiatiques conduit les médias à abandonner, plus ou moins cyniquement, leur objectif civique. Ce qui compte c'est la rentabilité économique, le profit. À l'heure du développement des nouvelles technologies de l'information et de la communication, les médias sont en guerre les uns contre les autres. Et l'on estime que la révolution numérique pourrait donner naissance à de nouveaux médias associant la qualité des images de la télévision, la facilité du téléphone, la mémoire de l'ordinateur et la maniabilité des journaux papier ; et ces médias pourraient être consultés par le biais du téléphone cellulaire ou du courrier électronique [1].

Les connivences et les révérences se multiplient entre alliés d'un même groupe médiatique. Les complicités de réseau l'emportent sur le devoir de vérité. Et, en outre, toutes ces nouvelles technologies sont en train de transformer et de dégrader les conditions de travail des journalistes : « Les journalistes travaillent davantage ; ils disposent de moins de temps pour conduire leurs enquêtes et pour les écrire ; ils produisent des informations plus superficielles – explique Eric Klinenberg, chercheur à l'université de Californie, Berkeley. Ainsi, un reporter peut désormais écrire un article pour l'édition du soir, paraître à l'écran pour traiter le même événement à la télévision et étoffer l'information avec les spécialistes d'Internet en leur suggérant des liens avec d'autres sites ou événements. Ces pratiques maintiennent les coûts à

---

1. *Cf.* Bruno Giussani, « Révolution dans l'information », *Le Monde diplomatique*, octobre 1997.

un bas niveau et augmentent le rendement de la production. Mais elles absorbent une partie du temps que les journalistes consacraient à leurs recherches en réclamant d'eux à la fois de nouvelles aptitudes professionnelles, par exemple être télégénique, et une écriture médiatique adaptable à toutes sortes de supports [1]. »

À tous ces chamboulements s'ajoute un malentendu fondamental. Beaucoup de citoyens estiment que, confortablement installés dans le canapé de leur salon à regarder sur le petit écran une sensationnelle cascade d'événements à base d'images souvent fortes, violentes et spectaculaires, ils peuvent s'informer sérieusement. C'est une erreur totale.

Pour trois raisons : d'abord parce que le journal télévisé, structuré comme une fiction, n'est pas fait pour informer, mais pour distraire. Ensuite, parce que la rapide succession de nouvelles brèves et fragmentées (une vingtaine par journal télévisé) produit un double effet négatif de surinformation et de désinformation (il y a trop de nouvelles, mais trop peu de temps consacré à chacune d'elles). Et enfin, parce que vouloir s'informer sans effort est une illusion qui relève du mythe publicitaire plutôt que de la mobilisation civique. S'informer fatigue, et c'est à ce prix que le citoyen acquiert le droit de participer intelligemment à la vie démocratique.

De nombreux titres de la presse écrite continuent pourtant, par mimétisme télévisuel, d'adopter des carac-

1. Eric Klinenberg, « Journalistes à tout faire de la presse américaine », *Le Monde diplomatique*, février 1999.

téristiques propres au média cathodique : maquette de la « une » conçue comme un écran, longueur des articles réduite, personnalisation excessive de quelques journalistes, priorité au local sur l'international, excès de titres choc, pratique systématique de l'oubli, de l'amnésie à l'égard des informations ayant quitté l'actualité, etc. « Un des problèmes qui se pose de façon sensible dans beaucoup de rédactions – estime Patrick Champagne –, c'est précisément que, de plus en plus, la presse écrite adopte le format des médias audiovisuels : elle privilégie les articles courts, elle titre de façon accrocheuse pour attirer. L'équivalent de l'audimat est entré dans la presse sous la forme du marketing éditorial qui se développe avec ses techniques héritées de la publicité pour définir quels sont les sujets qui attirent le public le plus large possible. On raisonne en terme du plus grand nombre de lecteurs possible. Les médias audiovisuels sont devenus des médias dominants [1]. » Les informations doivent désormais avoir trois qualités principales : être faciles, rapides et amusantes. Ainsi, paradoxalement, les journaux ont simplifié leur discours au moment où le monde, transformé par la fin de la guerre froide et par la mondialisation économique, s'est considérablement complexifié.

Un tel écart entre ce simplisme de la presse et les nouvelles complications de la vie politique déroute de nombreux citoyens qui ne trouvent plus, dans les pages

1. Patrick Champagne, « Cette presse écrite qui court après la télé », *Témoignage chrétien*, 12 mars 1998.

de leur quotidien, une analyse différente, plus fouillée, plus exigeante que celle proposée par le journal télévisé. Cette simplification est d'autant plus paradoxale que le niveau éducatif global de nos sociétés n'a cessé de s'élever. Et les critiques s'accumulent sur la légèreté des médias, leur attitude souvent irresponsable, leur connivence avec les nantis : « La presse, qui est en fait le parti au pouvoir depuis une génération, affirme Michael Wolff, spécialiste des médias au *New York Magazine*, est confrontée aux forces qui minent tous les puissants : la complaisance, l'inertie, l'âge, l'arrogance [1]. »

En acceptant trop souvent de n'être plus que l'écho des images télévisées, beaucoup de journaux déçoivent, perdent leur propre spécificité et, de surcroît, des lecteurs. En France, à peine 19 % de la population lit un quotidien national ; et ce lectorat est en baisse constante ; sur la période 1995-1996, les quotidiens nationaux ont perdu 300 000 lecteurs [2]...

S'informer demeure une activité productive, impossible à réaliser sans effort, et qui exige une véritable mobilisation intellectuelle. Une activité assez noble, en démocratie, pour que le citoyen consente à lui consacrer une part de son temps, de son argent et de son attention.

L'information n'est pas un des aspects de la distraction moderne, elle ne constitue pas l'une des planètes de la

1. Cité par Sylvie Kauffmann *in* « Destituez les médias », *Le Monde*, 25 novembre 1998.

2. *Libération*, 26 septembre 1997.

galaxie divertissement ; c'est une discipline civique dont l'objectif est de construire des citoyens.

À ce prix, et à ce prix seulement, la presse écrite peut quitter les rivages confortables du simplisme dominant et retrouver ces lecteurs qui souhaitent comprendre pour pouvoir mieux agir dans nos démocraties assoupies.

« Il faut de longues années – écrit Vaclav Havel – avant que les valeurs s'appuyant sur la vérité et l'authenticité morales s'imposent et l'emportent sur le cynisme ; mais, à la fin, elles sortent victorieuses, toujours. » Tel doit être, aussi, le patient pari du journaliste.

Références

ACCARDO A. *et al.*, *Journalistes précaires*, Bordeaux, Le Mascaret, 1998.

ADORNO T. W., *Jargon d'authenticité*, Paris, Payot, 1989.

AGUIRRE M., RAMONET I., *Rebeldes, dioses y excluidos. Para comprender el fin del milenio*, Barcelone, Icaria, 1998.

BARTHES R., *Œuvres complètes*, Paris, Le Seuil, 1993.

BAUDRILLARD J., *Simulacres et simulation*, Paris, Galilée, 1981.

BEAUD P., *La Société de connivence. Média, médiations et classes sociales*, Paris, Aubier, 1984.

BERGER J., *Voir le voir*, Paris, Alain Moreau, 1980.

BOUGNOUX D., *Sciences de l'information et de la communication*, Paris, Larousse, 1994.

BOURDIEU P., *Sur la télévision*, suivi de *L'emprise du journalisme*, Paris, Liber-Raisons d'agir, 1996.

BOURDIEU P., *Contre-Feux. Propos pour servir à la résistance contre l'invasion néo-libérale*, Paris, Liber-Raisons d'agir, 1998.

BRETON P., *L'Utopie de la communication. Le mythe du village planétaire*, Paris, La Découverte, 1992.

BRETON P., *La Parole manipulée*, Paris, La Découverte, 1997.

BRUNE F., *Le Bonheur conforme. Essai sur la normalisation publicitaire*, Paris, Gallimard, 1985.

BRUNE F., *Les Médias pensent comme moi ! Critique du discours anonyme*, Paris, L'Harmattan, 1993.

BRUSINI H., JAMES F., *Voir la vérité. Le journalisme de télévision*, Paris, PUF, 1982.

CASTELLS M., *La Société en réseaux* (3 vol. : *L'Ère de l'information. Le Pouvoir de l'identité. Fin de millénaire*), Paris, Fayard, 1998.

CEBRIAN J. L., *La Red*, Madrid, Taurus, 1998.

CHAMPAGNE P., *Faire l'opinion : le nouveau jeu politique*, Paris, Minuit, 1990.

CHÂTELET G., *Vivre et penser comme des porcs. De l'incitation à l'envie et à l'ennui dans les démocraties-marché*, Paris, Exils, 1998.

CHOMSKY N., HERMAN E. S., *Manufacturing Consent. The Political Economy of the Mass Media*, New York, Pantheon, 1988.

CHOMSKY N., RAMONET I., *Cómo nos venden la moto*, Barcelone, Icaria, 1995.

CORNU D., *Journalisme et vérité. Pour une éthique de l'information*, Genève, Labor et Fides, 1994.

DEBORD G. *La Société du spectacle*, Paris, Gallimard, 1992.

DE SELYS G. *et al.*, *Médiamensonges*, Bruxelles, EPO, 1991.

ECO U., *La Guerre du Faux*, Paris, Grasset, 1986.

ECO U., *De Superman au Surhomme*, Paris, Grasset, 1993.

ELLUL J., *Propagandes*, Paris, Economica, 1990.

FERENCZI T., *L'Invention du journalisme en France. Naissance de la presse moderne à la fin du XIXe siècle*, Paris, Plon, 1993.

FERRO M., *L'Information en uniforme. Propagande, désinformation, censure, et manipulation*, Paris, Ramsay, 1991.

FLICHY P., *Une histoire de la communication moderne. Espace public et vie privée*, Paris, La Découverte, 1991.

FOUCAULT M., *Dits et écrits* (4 vol.), Paris, Gallimard, 1994.

FREUND A., *Journalisme et mésinformation*, Paris, La Pensée Sauvage, 1991.

HABERMAS J., *L'Espace public. Archéologie de la publicité comme dimension constitutive de la société bourgeoise*, Paris, Payot, 1986.

HABERMAS J., *De l'éthique de la discussion*, Paris, Cerf, 1992.

HALIMI S., *Les Nouveaux Chiens de garde*, Paris, Liber-Raisons d'agir, 1997.

HERMAN E. S., MCCHESNEY R. W., *Global Media. The New Missionaries of Corporate Capitalism*, Londres, Cassel, 1997.

HUNTER M., *Le Journalisme d'investigation*, Paris, PUF, coll. « Que sais-je ? », 1997.

HUXLEY A., *Retour au meilleur des mondes*, Paris, Plon, 1958.

JAUBERT A., *Le Commissaire aux archives. Les photos qui falsifient l'histoire*, Paris, Bernard Barrault, 1986.

LACAN J.-F., PALMER M., RUELLAN D., *Les Journalistes. Stars, scribes et scribouillards*, Paris, Syros, 1994.

LEVER M., *Canards sanglants. Naissance du fait-divers*, Paris, Fayard, 1993.

MCLUHAN M., *D'œil à oreille*, Paris, Denoël-Gonthier, 1977.

MADELIN H., *La Menace idéologique*, Paris, Cerf, 1988.

MARCUSE H., *L'Homme unidimensionnel*, Paris, Minuit, 1968.

MATTELART A., *La Mondialisation de la communication*, Paris, PUF, coll. « Que sais-je ? », 1996.

MATTELART A., *L'Invention de la communication*, Paris, La Découverte, 1994.

MUSSO P., *Télécommunications et philosophie des réseaux*, Paris, PUF, 1997.

PACKARD V., *La Persuasion clandestine*, Paris, Calmann-Lévy, 1984.

PLENEL E., *Un temps de chien*, Paris, Stock, 1994.

POSTMAN N., *Se distraire à en mourir*, Paris, Flammarion, 1986.

QUÉAU P., *Le Virtuel. Vertus et vertiges*, Paris, Champ Vallon, 1993.

RAMONET I., *Le Chewing-gum des yeux*, Paris, Alain Moreau, 1981.

RAMONET I., *Géopolitique du chaos*, Paris, Galilée, 1997.

SARTORI G., *Homo videns. La sociedad teledirigida*, Madrid, Taurus, 1998.

SCHILLER H. I., *Mass Communications and American Empire*, Westview Press, Boulder, 1992.

SCHILLER H. I., *Information Inequality*, New York, Routledge, 1996.

SFEZ L., *Critique de la communication*, Paris, Le Seuil, 1988.

TIXIER-GUICHARD R., CHAIZE D., *Les Dircoms. À quoi sert la communication ?*, Paris, Le Seuil, 1993.

TOFFLER A. et TOFFLER H., *Guerre et contre-guerre. Survivre à l'aube du XXIe siècle*, Paris, Fayard, 1994.

VERON E., *Construire l'événement. Les médias et l'accident de Three Mile Island*, Paris, Minuit, 1981.

VIRILIO P., *Cybermonde, la politique du pire*, Paris, Textuel, 1996.

VIRILIO P., *La Bombe informatique*, Paris, Galilée, 1998.

WATZLAWICK P., *La Réalité de la réalité. Confusion, désinformation, communication*, Paris, Le Seuil, 1978.

WOLTON D., *Penser la communication*, Paris, Flammarion, 1997.

LACAN J.-F., PALMER M., RUELLAN D., *Les Journalistes. Stars, scribes et scribouillards*, Paris, Syros, 1994.
LEVER M., *Canards sanglants. Naissance du fait-divers*, Paris, Fayard, 1993.
MCLUHAN M., *D'œil à oreille*, Paris, Denoël-Gonthier, 1977.
MADELIN H., *La Menace idéologique*, Paris, Cerf, 1988.
MARCUSE H., *L'Homme unidimensionnel*, Paris, Minuit, 1968.
MATTELART A., *La Mondialisation de la communication*, Paris, PUF, coll. « Que sais-je ? », 1996.
MATTELART A., *L'Invention de la communication*, Paris, La Découverte, 1994.
MUSSO P., *Télécommunications et philosophie des réseaux*, Paris, PUF, 1997.
PACKARD V., *La Persuasion clandestine*, Paris, Calmann-Lévy, 1984.
PLENEL E., *Un temps de chien*, Paris, Stock, 1994.
POSTMAN N., *Se distraire à en mourir*, Paris, Flammarion, 1986.
QUÉAU P., *Le Virtuel. Vertus et vertiges,* Paris, Champ Vallon, 1993.
RAMONET I., *Le Chewing-gum des yeux*, Paris, Alain Moreau, 1981.
RAMONET I., *Géopolitique du chaos*, Paris, Galilée, 1997.
SARTORI G., *Homo videns. La sociedad teledirigida*, Madrid, Taurus, 1998.
SCHILLER H. I., *Mass Communications and American Empire*, Westview Press, Boulder, 1992.
SCHILLER H. I., *Information Inequality*, New York, Routledge, 1996.
SFEZ L., *Critique de la communication*, Paris, Le Seuil, 1988.
TIXIER-GUICHARD R., CHAIZE D., *Les Dircoms. À quoi sert la communication ?*, Paris, Le Seuil, 1993.
TOFFLER A. et TOFFLER H., *Guerre et contre-guerre. Survivre à l'aube du XXIe siècle*, Paris, Fayard, 1994.
VERON E., *Construire l'événement. Les médias et l'accident de Three Mile Island*, Paris, Minuit, 1981.
VIRILIO P., *Cybermonde, la politique du pire*, Paris, Textuel, 1996.
VIRILIO P., *La Bombe informatique*, Paris, Galilée, 1998.
WATZLAWICK P., *La Réalité de la réalité. Confusion, désinformation, communication*, Paris, Le Seuil, 1978.
WOLTON D., *Penser la communication*, Paris, Flammarion, 1997.

Table

DANS LA MÊME COLLECTION

Georges Perec
Espèces d'espaces

Jean-Michel Palmier
Berliner Requiem

Paul Virilio
Vitesse et Politique

Léo Scheer
La société sans maître

Jacques Dreyfus
La ville disciplinaire

Jean Baudrillard
Oublier Foucault

Jean Duvignaud
Lieux et non-lieux

Alain Médam
New York Terminal

Paul Virilio
Défense populaire et luttes écologiques

Jean Baudrillard
De la séduction

Alain Joxe
Le rempart social

Alain Médam
New York Parade

Marc Guillaume
La politique du patrimoine

René Lourau
Autodissolution des avant-gardes

Alain Médam
La cité des noms

Paul Virilio
L'horizon négatif

Paul Virilio
La machine de vision

Félix Guattari
Cartographies schizoanalytiques

Paul Virilio
Esthétique de la disparition

Félix Guattari
Les trois écologies

Jean Baudrillard
La transparence du mal

Jean Baudrillard
La guerre du Golfe n'a pas eu lieu

Paul Virilio
L'écran du désert

Félix Guattari
Chaosmose

Paul Virilio
L'insécurité du Territoire

Jean Baudrillard
L'illusion de la fin

Paul Virilio
L'art du moteur

Jean Baudrillard
Le crime parfait

Paul Virilio
La vitesse de libération

Paul Virilio
Un paysage d'événements

Jean Baudrillard
Écran total

Ignacio Ramonet
Géopolitique du Chaos

Paul Virilio
La bombe informatique

Ignacio Ramonet
La tyrannie de la communication

CET OUVRAGE A ÉTÉ ACHEVÉ D'IMPRIMER POUR LE COMPTE DES ÉDITIONS GALILÉE PAR L'IMPRIMERIE FLOCH À MAYENNE EN FÉVRIER 1999
NUMÉRO D'IMPRESSION : 45299
DÉPÔT LÉGAL : FÉVRIER 1999.
NUMÉRO D'ÉDITION : 529

Imprimé en France